Sprachfreunde 3

Ausgabe Süd

Ein Sprachbuch
für die Grundschule

Erarbeitet von
Katharina Förster
Solveig Haugwitz
Kathrin Knutas
Karin Kühne
Peter Sonnenburg
und der Verlagsredaktion

VOLK UND WISSEN

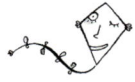

Strategieseiten
Blaue Seiten
Freundeseiten

In der Schule

Sind die Ferien schon vergangen,
hat die Schule angefangen.
Wir erzählen dies und das
von dem großen Ferienspaß.
Was wird uns das Schuljahr bringen?
Neues lernen! Lieder singen?
Alle wünschen sich das sehr.
Wir erfahren nun gleich mehr.

Was haben die Kinder aus ihren Ferien mitgebracht?
Wo könnten sie gewesen sein?
Bringe auch etwas mit und erzähle dazu!

Fragen und Wünsche zum neuen Schuljahr

1 Sprecht über die Fragen und die Wünsche der Kinder!

> Muss ich wirklich neben Benni sitzen?

> Können wir die Lese-Ecke gemütlicher machen?

> Ich will endlich Englisch lernen.

Paul

Anna

Karam

> Machen wir einen schönen Wandertag?

> Haben wir wieder eine Projektwoche?

Alina

Alexander

Maria

Frau Bach

2 Welche Fragen und Wünsche habt ihr zum neuen Schuljahr?

3 Was ist dir für das neue Schuljahr wichtig?
Du kannst auch aufschreiben, was du dir vorgenommen hast.

Regeln in unserer Klasse

 1 Lest das Gespräch aufmerksam und spielt es nach!

Man wird wohl noch ein bisschen toben dürfen.

Paul hat recht.

Das finde ich nicht.

Im Unterricht quatschen alle durcheinander.

Anna

Alexander

Rudi

Maria

Ich hab's, wir brauchen Regeln.

Nicht alle auf einmal!

Karam

Ja, aber welche?

Mir ist es zu laut in der Klasse.

Alina

Paul

Frau Bach

 2 Was haltet ihr von diesen Gesprächsregeln?

Wer am lautesten spricht, hat recht.

Ich lasse andere ausreden.   Ich spreche laut und deutlich.

Ich schnippe mit den Fingern.   Ich lache niemanden aus.

Ich höre gut zu, wenn andere sprechen.

Ich belle dazwischen.

3 Welche Gesprächsregeln sollen in eurer Klasse gelten?
Stellt sie zusammen und hängt sie aus!

4 Wie versteht ihr euch in der Klasse?
Sprecht darüber! Ihr könnt das Gespräch
auch aufnehmen und überprüfen,
ob ihr eure Gesprächsregeln beachtet habt.

Klassenregeln
- Ich melde mich, wenn ich etwas sagen möchte.
- Ich frage nach, wenn ich etwas nicht verstanden habe.

Neues über Substantive

1 Was wisst ihr über Substantive?
Sprecht darüber!

2 Schreibe auf, was für dich nach den Ferien
in der Schule neu ist!
Du kannst die Sammelwörter nutzen.
die neuen Bücher, ein neues …

die	Bücher
das	Fach
die	Fächer
ein	Freund
eine	Freundin
ein	Lehrer
die	Lehrer
die	Lehrerinnen
ein	Mitschüler
eine	Mitschülerin
ein	Schulweg
der	Klassenraum

3 Die blauen Wörter im Text sind Substantive.
Begründe, warum!

Alle Kinder sprechen durcheinander
über Wünsche, Fragen und Probleme.
Dann haben sie eine Idee:
Sie schreiben wichtige Regeln
für Gespräche auf.

4 Schreibe die Substantive aus Aufgabe 3
mit Artikel in der Einzahl und
in der Mehrzahl auf!
das Kind – die Kinder, …

Denke
auch an die
Satzanfänge
und die Punkte
am Satzende!

5 Lies den Text!
Überlege, welche Wörter du großschreiben musst.
Schreibe die Sätze richtig auf!

hanna ist neu in der klasse zuerst hört sie nur zu
dann stellt auch sie eine frage sie ist aufgeregt
und spricht ganz leise frau bach nimmt ihr die angst

Diese Wörter
sind auch **Substantive (Namenwörter)**:
der Wunsch, die Sorge, eine Frage, ein Problem
Sie können einen **Artikel (Begleiter)** haben. Man schreibt sie groß.

MERKE DIR

Eigenschaften von Substantiven wiederholen;
Abstrakta kennen lernen

AH S.4

6 Schreibe auf,
welche Bücher es gibt!
Unterstreiche das Grundwort.
Katzenbücher, …

...buch, ...buch,
...buch!
Alles sind **Bücher**.

Deshalb heißt
dieser Teil
Grundwort.

7 Welche Tasche ist gemeint?
Schreibe zusammengesetzte Substantive auf!
die Federtasche, …

Das erste Wort
bestimmt, was für
eine Tasche es ist.
Deshalb heißt es
Bestimmungswort.

Tasche

8 Benenne die Dinge richtig und schreibe die Sätze auf!
Ein Heft, in das du schreiben kannst, ist ein Schreibheft.
Ein Buch, in dem du lesen kannst, ist ein …
Stifte, die bunt sind, heißen …

Zusammengesetzte Substantive (Namenwörter) `MERKE DIR`
setzen sich aus
einem **Bestimmungswort** und einem **Grundwort** zusammen.

der Ritter   *das Buch*

das Ritterbuch

Der **Artikel (Begleiter)** richtet sich immer nach dem **Grundwort**.
Grundwörter sind immer **Substantive (Namenwörter)**.
Bestimmungswörter können sein:
Substantive (Namenwörter): *der Hund – das Hundebuch*
Verben (Tätigkeitswörter): *schreiben – das Schreibpapier*
Adjektive (Eigenschaftswörter): *bunt – der Buntstift*

Strategieseiten

Wörter nach dem Alphabet ordnen

1 Wie sind die Tiernamen in diesem Tierlexikon geordnet?
Was fällt euch auf?

A	
Aal	S. 10
Adler	S. 11
Affe	S. 12
Ameise	S. 13

2 Ordne die Namen in den Gruppen nach dem Alphabet!

Gruppe 1
Tim
Mia
Laura
Arian

Gruppe 2
Natascha
Lisa
Niklas
Florian

Gruppe 3
Johanna
Julian
Jasmin
Jonas

Gruppe 4
Laura
Lena
Lukas
Leon

Gruppe 1: Arian, … Gruppe 2: …

3 Ordne jeweils die drei Wortkarten-Wörter nach dem Alphabet!
Kontrolliere mit einem Wörterbuch oder dem Wörterverzeichnis!

durch
dann
da

lang
Lehrer
legen

Markt
Maschine
merken

Paar
Papier
Pappe

4 Warum muss man das Alphabet gut kennen?
Finde ein Beispiel und begründe!

> **Wörter** kannst du **nach dem Alphabet ordnen.** **MERKE DIR**
> Wenn der erste Buchstabe gleich ist, ordnest du
> nach dem **zweiten** Buchstaben: *der Teller, toben, trocken*
> Wenn auch der zweite Buchstabe gleich ist, ordnest du
> nach dem **dritten** Buchstaben: *Amerika, die Ampel, die Amsel*

Wörter nachschlagen

Schlage im Wörterbuch nach, wenn du nicht weißt,
wie ein Wort geschrieben wird.

Wie schreibt man 🏺? Mit V oder mit W?

Lass uns mal beides nachschlagen!

ABC-*Freunde*

So findest du Wörter im Wörterbuch oder im Wörterverzeichnis:

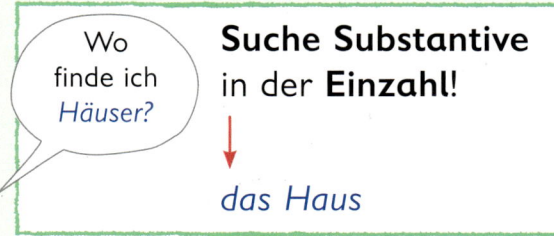

Wo finde ich *Häuser?*

Suche Substantive in der **Einzahl!**

↓

das Haus

Wo finde ich *du liegst, er lag?*

Suche Verben in der **Grundform!**

↓

liegen

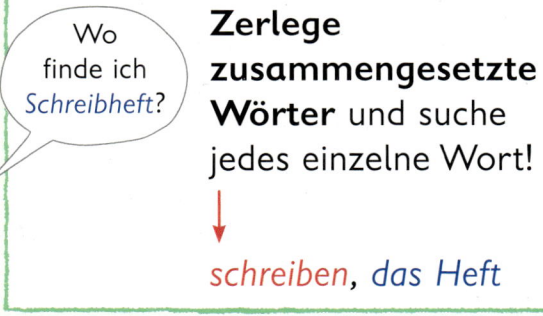

Wo finde ich *Schreibheft?*

Zerlege zusammengesetzte Wörter und suche jedes einzelne Wort!

↓

schreiben, das Heft

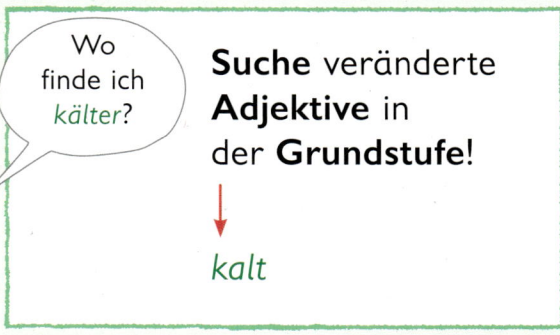

Wo finde ich *kälter?*

Suche veränderte **Adjektive** in der **Grundstufe!**

↓

kalt

1 Nachschlagen und richtig schreiben:

Man findet
ä, ö, ü
bei den Selbstlauten
a, o, u.

a) Schlage die Substantive nach!
Unter welchem Stichwort findest du sie?
die Wälder, die Käfige, die Länder, die Radios, die Strände
der Wald, …

b) Schlage die Verbformen nach und schreibe ab,
was alles beim Stichwort steht!
du öffnest, du wiegst, ihr ärgert, ihr erlebt, er liest, sie gibt

c) Bei welchen Stichwörtern findest du diese Wörter?
die Träume, die Schulsachen, sie gibt, kälter

Wörter mit b, d oder g in der Wortmitte oder am Wortende

W

 1 Sprecht die Wörter aus der Wörterleiste.
Wie klingen **b**, **d** oder **g**?

 **2** Sieh dir die Bilder an! Schreibe die Substantive
zuerst in der Mehrzahl und dann in der Einzahl auf!
Kontrolliere mit dem Wörterverzeichnis!
die Käfige – der Käfig, ...

*biegen
blind
erlauben
erleben
das Flugzeug
häufig
der Käfig
das Land
das Radio
der Strand
der Urlaub
der Wald
wiegen
wild*

3 Bilde zu jedem Verb die Grundform!
Wie klingt **b**, **d** oder **g** in den Wortpaaren?
Schreibe so: *wiegen – du wiegst, ...*

... – du wie▮st	... – du erlau▮st	... – du blei▮st
... – er erle▮t	... – er he▮t	... – sie fra▮t
... – ihr tra▮t	... – du schrei▮st	... – du bie▮st

4 Setze die Adjektive **wild**, **klug**, **gelb** passend ein!
Schreibe so: *gelb – der gelbe Stift, ...*

*der ... Stift, der ... Freund, die ... Freundin, der ... Löwe,
die ... Butterblume, der ... Hund, die ... Sonnenblume,
der ... Gedanke*

Manchmal klingt in der Wortmitte
oder am Wortende **b** wie **p**, **g** wie **k** und **d** wie **t**:
der Korb, er fragt, rund

MERKE DIR

Verlängere das Wort und prüfe so:
- bei **Substantiven (Namenwörtern)**: *der Korb – die Körbe* → **b**
- bei **Verben (Tätigkeitswörtern)**: *er fragt – fragen* → **g**
- bei **Adjektiven (Eigenschaftswörtern)**: *rund – runder Ball* → **d**

Wörter mit b, d, g in Wortmitte und -ende mithilfe von Verlängerungsstrategien richtig
schreiben: Substantive/Plural, Verben/Grundform, Adjektive/attributiver Gebrauch

5 Übe Wörter mit **b**, **d** oder **g** in der Wortmitte
oder am Wortende!
Achte immer darauf, wie sich **b**, **d** oder **g**
in den Wortpaaren anhört!

⚀ Immer zwei Wörter sind miteinander verwandt.
Schreibe sie paarweise auf!
lieb – lieben, …

lieb	wild	selber	klüger	wilder
klug	lieben	eng	selbst	engste

⚁ Finde die Grundformen der Verben!
sie schreibt – schreiben, …

sie schreibt   er biegt   er wiegt   du erlaubst   ihr erlebt

⚂ Begründe die Schreibung so:
Korb mit b wegen Körbe, …

b oder **p**?   der Kor▯, er schrei▯t, der Urlau▯, sie hu▯t, gel▯
d oder **t**?   der Stran▯, har▯, blin▯, wil▯, der Freun▯
g oder **k**?   star▯, häufi▯, en▯, ferti▯, genu▯

6 Was für **Flugzeuge** gibt es?
Bilde zusammengesetzte Substantive mit Artikel!
das Segelflugzeug, …
segeln, die Linie, der Verkehr, die Düse, das Wasser, der Sport

 7 Mit welchen Beispielen aus dem Wörterverzeichnis
kannst du die Wortverlängerung gut erklären?

Unfall auf dem Schulweg?
Leon und Jan / sind Freunde.
Sie haben / einen gemeinsamen Schulweg.
Er führt / durch den Wald. Häufig treffen sie Nora.
Sie rast immer wie wild / mit dem Fahrrad / an ihnen vorbei.
Heute fehlt Nora / in der Schule. Hatte sie einen Unfall?

ZUM ÜBEN

Abc-Leporello

Spielideen:

Einer klappt einen Teil
des Leporellos auf.
Der andere sagt das Alphabet
zu Ende auf.

Einer sagt einen Buchstaben.
Der andere nennt den Vorgänger
und den Nachfolger.

Einer nennt einen Buchstaben.
Der andere zeigt ganz schnell,
ob dieser eher am Anfang,
in der Mitte oder am Ende
des Alphabets steht.

Einer nennt einen Selbstlaut.
Der andere sagt die Mitlaute
bis zum nächsten Selbstlaut.

Einer nennt ein Wort.
Der andere zeigt ganz schnell
den Anfangsbuchstaben
auf dem Leporello.

Einer deckt einen Buchstaben ab.
Der andere sagt, welcher es ist.

…

⭐ Bastelt auch solch ein Abc-Leporello!
Tragt die Mitlaute blau, die Selbstlaute rot ein
und spielt mit dem Abc-Leporello!

Abc-Spiel

 Probiere mit einem Freund oder einer Freundin das Spiel aus!

Im Herbst

Ich stehe am Fenster und schaue hinaus.
Ei! Seht doch: Verschwunden ist Nachbars Haus!
Sagt: Wo ist die Straße, wo ist der Weg?
Wo sind die Zäune, wo ist der Steg?
Der Nebel bleibt hängen, hält alles versteckt,
hat Straßen und Häuser ganz zugedeckt.

Ernst Kreidolf

Was kannst du trotz des Nebels auf dem Bild erkennen?
Hast du schon einmal so einen Herbsttag erlebt? Erzähle!
Was ist für dich schön im Herbst?

Sonne, Wind und Regen

1 Lies, was der Regen alles tut!

Im Herbst regnet es oft.
Zuerst nieselt es nur.
Dann fällt der Regen in großen Tropfen
auf die Erde.
Er trommelt auf die Dächer oder
tropft von den Bäumen.
Der Regen plätschert auf den Schirm und
spritzt uns ins Gesicht.
Zuletzt rinnt er in die Pfützen oder Abflüsse.

 2 Schreibe die Verben aus dem Text so auf:
es regnet – regnen, …

 3 Welche Verben passen zur Sonne? Welche zum Wind?

leuchten, stürmen, wehen, scheinen, pfeifen,
strahlen, wärmen, heulen, blasen, aufgehen

⚀ Ordne zu!
Sonne: leuchten …   Wind: …

⚁ Ordne zu und schreibe so auf:
Sonne: sie leuchtet, …   Wind: er …

⚂ Schreibe Sätze!
Schreibe so: *Die Sonne leuchtet hell am Himmel. …*

Verben (Tätigkeitswörter) sagen,
was jemand **tut** oder **was geschieht**.
Der Wind heult. Der Regen fällt.
Verben **verändern sich** im Satz.
Grundform (Nennform): *renn**en***
Personalform (gebeugte Form): *ich renn**e**, du renn**st**, er renn**t***

MERKE DIR

Eigenschaften von Verben wiederholen: Grundform/Personalform

4 Sprich die Sätze in den Sprechblasen so, dass du erkennst, welche Satzzeichen du setzen musst! Lies die Sätze betont vor!

5 Finde in den Sprechblasen alle Personalformen von **rennen**! Schreibe sie auf und unterstreiche den Wortstamm!

rennen: du rennst, ...

6 Lege eine Tabelle an und ordne alle Personalformen von **warten** ein! Unterstreiche den Wortstamm!

Worauf wartest du?

	Einzahl	Mehrzahl
1. Person	ich warte	wir ...
2. Person	du ...	ihr wartet
3. Person	er, sie, es ...	sie ...

7 Herbstwörter: *ernten, pflücken, basteln, fallen, schütteln, sammeln*

⚃ Verwende eines der Herbstwörter in allen Personalformen im Satz!

Ich ernte Äpfel. Du ...

⚁ Bilde mit jedem Verb einen Fragesatz!

Willst du mit mir basteln?

⚃ Bilde mit den Verben Aussagesätze! Stelle sie jeweils so um, dass Frage- und Aufforderungssätze entstehen!

Er sammelt Pilze. Sammelt er Pilze? Sammle Pilze!

Sag es treffend!

1 Lies den Text!

Der Herbst ist eine … Jahreszeit.
Der Wind fegt über die … Felder.
Das … Laub raschelt auf den Wegen.
Die Tiere suchen einen … Winterplatz.
Wir Menschen müssen uns … anziehen.
So schützen wir uns vor dem … Wetter.
Im Herbst lassen wir unsere … Drachen steigen.

kühl
kalt
heftig
kahl
sicher
warm
bunt
leer
schön
stürmisch
trocken
schlecht

 2 Schreibe vier Sätze aus Aufgabe 1
mit treffenden Adjektiven auf!
Nutze die Sammelwörter.

3 Vergleiche deine Sätze mit dem Text aus Aufgabe 1.
Was stellst du fest?

4 Sammle passende Adjektive zu den Substantiven
Apfel, Wetter, Blatt, Kastanie, Igel, Drachen!

⚀ Schreibe zu jedem Substantiv eine Wortgruppe!
der knackige Apfel, …

⚁ Schreibe zu jedem Substantiv
eine Wortgruppe und den passenden Satz!
der rote Apfel – Der Apfel ist rot.

…
süß knackig
Apfel
rot …

⚂ Schreibe mit einigen der Substantive
eine kurze Herbstgeschichte!
Verwende dabei deine gesammelten Adjektive!

> **Adjektive (Eigenschaftswörter)** sagen,
> **wie** etwas ist. **Adjektive** helfen,
> Substantive genauer zu beschreiben.
> *der **bunte** Drachen – Der Drachen ist **bunt**.*

MERKE DIR

Eigenschaften von Adjektiven wiederholen;
eine Wörtersammlung anlegen, treffende Adjektive finden

AH S.11

5 Bei zusammengesetzten Substantiven erklärt das Bestimmungswort das Grundwort genauer. Probiert es aus!

Schale
Mus
Ernte
braten
Winter
Kuchen

fallen
Herbst
Blüte
Saft
Baum

6 Ordne die zusammengesetzten Substantive aus Aufgabe 5 so:

Und Pferdeäpfel?

Bestimmungswort Apfel-	Grundwort -apfel
Apfelbaum	der Fallapfel
...	...

7 Schreibe die Sätze ab und setze die Satzzeichen!

Anton und Lisa ernten Äpfel ▢
Anton legt die roten Äpfel in den Korb ▢
Nimm du doch bitte den Korb ▢
Ist er dir zu schwer ▢
Lisa kann ihn kaum tragen ▢
Anton, hilf mir bitte ▢
Komm, wir tragen ihn gemeinsam ▢
Wollen wir einen Apfel essen ▢

8 Schreibe die Tabelle ab und ergänze sie!

Grundform	Personalform	Aufforderungsform
ernten	du erntest	ernte
legen	du legst	lege
...	du nimmst	...
helfen	du hilfst	hilf
essen	...	...

Bildung der Aufforderung mithilfe der 2. Person Einzahl:
helfen → du hilfst – also: hilf

Richtig schreiben üben

Substantive

1. **Bilde** die **Mehrzahl**! Lege eine Tabelle an!

Einzahl	Mehrzahl
der Apfel	die Äpfel

2. **Bilde zusammengesetzte Substantive!**

   der Apfelbaum, der Bratapfel

3. **Bilde Wortgruppen** mit dem Übungswort!

   ein süßer Apfel, der rote Apfel

4. **Schreibe Sätze** mit dem Substantiv!

   Er biss in den saftigen Apfel.

Verben

5. **Beuge das Verb** in alle **Personalformen**!

   *ich fahre   du fährst   er fährt
   wir fahren   ihr fahrt   sie fahren*

6. **Bilde Verben** mit **verschiedenen Wortbausteinen!**

   fahren: abfahren, wegfahren, anfahren, befahren

Adjektive

7. **Bilde Wortgruppen!**

   ein roter Apfel

8. **Übe** die **Adjektive** so (steigern):

   *kalt – kälter – am kältesten
   sauber – sauberer – am saubersten*

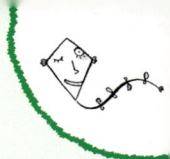

Substantive, Verben, Adjektive

der Herbst	fahren	bunt	der Wind
das Blatt	wehen	fallen	der Sturm
langsam	kalt	das Holz	der Boden

9. Finde zu jedem Übungswort **Wörter aus der Wortfamilie!**

fahren, das Fahrrad, der Fahrer, wegfahren

10. Bilde Sätze mit vielen Übungswörtern!
Markiere schwierige Stellen!

*Das bunte Bla**tt** f**ä**ll**t** langsam auf den Boden.*

11. Ordne deine Übungswörter **nach dem Alphabet!**

| Blatt | Boden | bunt | fallen | Holz | kalt |

12. Suche die Übungswörter **im Wörterbuch**
oder im Wörterverzeichnis!

Wort	Seite	davor	danach
Holz	*141*	*holen*	*hören*

13. Ordne die Übungswörter **nach Wortarten!**

Substantive	Verben	Adjektive
der Sturm	*fahren*	*kalt*
das Holz	*fallen*	*langsam*

14.

1 Probiere die Übungen aus! Achte darauf, welche Wortart
du üben willst. Wähle dann eine passende Übung!

2 Finde weitere Übungen und probiere sie aus!

Wörter mit St/st oder Sp/sp

1   Lies die Wörter der Wörterleiste so schnell und deutlich wie möglich!

2   Schreibe die Substantive der Wörterleiste in Einzahl und Mehrzahl auf! Kontrolliere mit dem Wörterbuch oder dem Wörterverzeichnis!
der Spaß – die Späße, …

3   Welches Adjektiv passt am besten? Schreibe die Wortgruppen auf!
glatt, groß, dünn, lang, heftig
ein … Spaziergang, eine … Stadt,
ein … Stamm, ein … Sturm, ein … Stiel

4   Schreibe die Verben aus der Wörterleiste ab! Finde passende Wörter aus der Wortfamilie! Markiere den Wortstamm!
spazieren, der Spaziergang, …

5   Erkläre die unterschiedlichen Wortbedeutungen!
Ich schenke meiner Oma
einen … mit bunten Blumen.
Der … ist der größte lebende Vogel der Erde.

6   Wähle ein Verb der Wörterleiste und beuge es in alle Personalformen!
ich spreche, du …

7   Suche die Adjektive **stark** und **spät** im Wörterbuch oder im Wörterverzeichnis!

Wort	Seite	verwandte Wörter

W

der Spaß
spät
spazieren
der Spiegel
die Spitze
sprechen
die Stadt
der Stamm
stark
der Stiel
die Straße
der Strauß
strömen
der Sturm

Wörter mit St/st oder Sp/sp sprechen und schreiben;
den Wortstamm von Wörtern erkennen; Personalformen bilden; im Wörterbuch nachschlagen   **AH** S.12

Wörter mit ch

1 Welche Wörter der Wörterleiste haben sich
im Silbenrätsel versteckt?
Schreibe sie auf!

Fich	ko	Tech	leuch	rich	zeich	rie
tig	nik	nen	chen	te	ten	chen

W

beobachten
das Buch
feucht
die Fichte
kochen
leuchten
die Nacht
rechts
richtig
riechen
die Technik
der Unterricht
zeichnen

2 Bilde zusammengesetzte Substantive
mit **Unterricht**! Nutze dazu
auch deinen Stundenplan!
der Mathematikunterricht, …

3 Was könnt ihr schon richtig? Sprich mit anderen
Kindern deiner Klasse! Schreibe Sätze!
Ich kann richtig schreiben. Kilian kann …

4 Vervollständige die Sätze mit Wörtern
aus der Wortfamilie **rechts**!
Ben sitzt … von mir. Er ist mein … Nachbar.
Hier darf man nur … abbiegen. Autos fahren auf
der … Seite. Tina schreibt mit der … Hand.

5 Was kann man **beobachten**?
Der Förster … in der Nacht die Tiere im Wald.
Der Detektiv … den Dieb. Wir … einen Igel. Ich … dich.

Ein Waldspaziergang
Antonia und Michi spazieren durch den Wald.
Auf dem feuchten Waldboden / sehen sie / verschiedene
Insekten. Plötzlich entdecken sie / am Stamm einer Fichte /
ein Eichhörnchen. Sie beobachten es genau. Am Mittwoch /
erzählen sie den anderen / davon im Unterricht.

ZUM ÜBEN

Blätterwald im Klassenzimmer

1 Lege ein Herbstblatt unter ein weißes Blatt Papier. Male mit einem Buntstift über das Papier.

2 Halte einen Buntstift schräg und zeichne damit über das Papier. Das Herbstblatt erscheint.

3 Schneide den Umriss des Herbstblattes sauber aus.

4 Schreibe ein Herbst-Elfchen auf dein Blatt.

 Gestaltet ein Blätterbild oder einen Baum mit euren Herbst-Elfchen.

Igelbäckerei

Salzteig für 10 Igel
2 Tassen Mehl
1 Tasse Wasser
1 Tasse Salz
1 Teelöffel Öl

Alle Zutaten vermischen, Igel formen und trocknen lassen.

Quark-Öl-Teig für ungefähr 15 Igel
300 g Magerquark
1 Prise Salz
6 EL Milch
12 EL Öl
2 Eier
600 g Mehl
6 TL Backpulver
• Rosinen für Augen und Schnauze
• Mandelstifte für die Stacheln
• Backzeit: ca. 20–25 Minuten

 Stellt Igel her!

produktionsorientiert gemeinsam arbeiten: ein Bild mit Herbstelfchen gestalten; ein Rezept lesen und ausprobieren

Miteinander leben

Sehnsucht kommt von
sehnen, suchen.
Sehnsucht kommt von
ganz allein.
Wer schon will die ganze Zeit
nur mit sich zusammen sein?

Walther Petri

Was erleben die Kinder auf dem Bild miteinander?
Wo würdest du gern mit dabei sein?
Wo nicht?

Zusammen leben ...

1 Lies den Text!

Unsere Familie
Früher wohnten wir in einer kleinen Wohnung.
Ich lebte mit meinem Bruder in einem Zimmer.
Damals stritten wir häufig.
Vor drei Jahren zogen wir in ein großes Haus.
Nun habe ich ein eigenes Zimmer. Ich freue mich sehr darüber.
Jetzt spiele ich gern mit meinem Bruder. Manchmal hilft er mir.
Heute bauen wir eine Rennbahn.

2 Finde im Text vier Verben, die verraten, dass etwas früher
in der Vergangenheit geschah! *früher: wir wohnten, ...*

3 Finde im Text fünf Verben, die verraten, dass etwas jetzt
in der Gegenwart geschieht. *jetzt: ich habe, ...*

4 Welche anderen Wörter im Text zeigen dir noch,
ob etwas jetzt geschieht oder früher geschah? *früher, ...*

5 Ergänze die Tabelle mit den Verben
aus den Aufgaben 2 und 3!

Grundform	Präsens (jetzt)	Präteritum (früher)
wohnen	wir wohnen	wir wohnten
...	...	ich lebte

Verben (Tätigkeitswörter) können
in verschiedenen **Zeitformen** stehen.
Präsens (Gegenwart):
*Er **erzählt** gerade einen Witz. Sie **lacht**.* → *jetzt*
Präteritum (Vergangenheit):
*Er **erzählte** gestern einen Witz. Sie **lachte**.* → *früher*

MERKE DIR

... in der Familie

1 Lies den Text!

Nur Geduld, Lene

Lene will Rudi anrufen. Er wartet schon auf den Anruf.
Aber Mutter telefoniert endlos mit Opa. Sie redet und redet.
Endlich kann Lene an das Telefon.
Schnell nimmt sie es mit in das Kinderzimmer.
Die Kinder verabreden sich. Sie treffen sich im Hof.

2 Finde heraus, für welche Substantive die farbigen Wörter stehen!

3 Ersetze die farbigen Wörter durch **sie**, **es** oder **wir**!
Schreibe so: *Lene ist meine Freundin. Sie ist älter als ich.*

Lene ist meine Freundin. Lene ist älter als ich.
Rudi sitzt neben mir. Rudi und ich verstehen uns gut.
Rudi zeigt Anna sein Fahrrad. Das Fahrrad ist neu.
Mia und Paul lesen gern. Mia und Paul leihen sich viele Bücher aus.

4 Lies den Text! Ersetze einige Substantive durch passende
Personalpronomen! Begründe deine Meinung!

Sonntags gehen Lene und ihr Vater in den Keller.
Dort basteln Lene und ihr Vater an einem Modellboot.
Das Modellboot soll ein Geschenk
für Lenes Bruder werden. Lenes Bruder wird neun.
Lene bemalt viele kleine Holzteile.

Substantive (Namenwörter) kann man durch   **MERKE DIR**
Personalpronomen (persönliche Fürwörter) ersetzen.
Lene → sie, Rudi → er, das Kind → es, Lene und ich → wir,
Lene und ihr Vater → sie
Personalpronomen sind:
ich, du, er/sie/es, wir, ihr, sie

Wer ist wer?

1 Lies die Beschreibungen! Welches Kind ist gemeint?

 1
- 10 Jahre
- ungefähr 1,29 Meter groß
- hat braune Augen und Sommersprossen
- hat eine Zahnspange
- trägt eine kleine, runde Brille
- behält Geheimnisse für sich
- ist nicht sauer, wenn andere etwas besser können

2 Sie ist 9 Jahre alt und 1,41 Meter groß. Sie hat blonde Haare und trägt oft lustige Zöpfe. Seit Kurzem hat sie eine Zahnspange. Sie hilft gern bei Matheaufgaben. Wenn sie etwas erklärt, versteht man es viel besser. Sie gibt gern etwas ab und kennt gute Witze.

3 **Name:** …
Alter: 9 Jahre
Größe: 1,34 Meter
Augenfarbe: blau
Haarfarbe: blond
Kleidung: gestreiftes T-Shirt
besondere Merkmale: trägt eine Brille mit starken Gläsern
Das finde ich gut: kennt sich sehr gut mit Computern aus

 2 Beschreibe ein Kind in deiner Klasse!
Verwende einen der Beispieltexte!
Schreibe, wie es aussieht und was du an ihm magst!

 3 Mischt alle Beschreibungen und lest sie nacheinander vor!
Findet heraus, wer gemeint ist!

genau lesen; Merkmale einer Personenbeschreibung kennen lernen und anwenden **AH** S.16

Freundschaftsgeschichten

1 Zwei Geschichten sind durcheinandergeraten.
Lies die Textteile und ordne sie!

Die neue Freundin

Seitdem sind wir Freundinnen – die besten Freundinnen.

Tom und Lilli strahlen sich an und mir wird einiges klar.

Ich frage Tom, ob er mit zum Fußball kommt. Aber er hört gar nicht zu. Ich stoße ihn an, doch er reagiert nicht.

Plötzlich biegen einige Mädchen um die Ecke. Tom wird ganz rot, als er Lilli sieht. „Felix und ich wollen zum Bolzplatz. Kommt ihr mit?", ruft Tom. „Aber klar doch!", antwortet Lilli schnell.

Verliebt in Lilli

Eigentlich mochte ich alle in der Klasse. Nur Lisa konnte ich nicht leiden und sie mich auch nicht.

Eines Tages stürzte ich mit dem Rad. Alles tat mir weh. Plötzlich war Lisa da. Sie half mir auf, stützte mich und schob mein kaputtes Rad. Ich lächelte sie dankbar an.

Überschrift

Einleitung
Wie? Wer?
Wo? Wann?

Hauptteil
Was passiert?

Schluss
Wie hört es auf?

2 Wähle eine Geschichte!
Lies sie in der richtigen Reihenfolge vor!

3 Plane eine eigene Freundschaftsgeschichte und schreibe sie auf!
Denke an die Reihenfolge!

Eine Schreibidee für eine Geschichte finden

So kannst du Ideen für eine Geschichte finden
und eine Geschichte planen!

1 **Worüber will ich schreiben?**

2 **Wie soll die Geschichte sein?** Spannend, lustig, traurig …?

3 **Wer spielt mit?**

8 **Wie endet die Geschichte?**

4 **Wo soll die Geschichte spielen?** Auf dem Mond? In der Schule? …

7 **Wie geht es weiter?** Kampf, Streit, Durcheinander, Plan …?

6 **Was passiert?** Etwas Unerwartetes? Etwas Besonderes? Etwas Wichtiges? Etwas Interessantes? … ?

5 **Wann soll die Geschichte spielen?** Früher? Heute? In der Zukunft?

1 Plane eine eigene Geschichte!
Schreibe dir zu den Fragen Stichpunkte auf!

Anregungen zum Schreiben einer Geschichte finden;
eine Geschichte mithilfe der W-Fragen planen

Aufbau und Inhalt einer Geschichte überprüfen

1 Lies Karams Geschichte!

Opa ist der Beste

Mama und Papa hatten neulich Kinokarten. Opa blieb bei mir.
Er machte Quatsch. Er zog an seiner Nase. Dabei kam plötzlich
seine Zunge raus. Er zupfte an seinem rechten Ohr und die Zunge
rutschte nach rechts. Opa zog an seinem linken Ohr und seine Zunge
rutschte nach links. Das sah so lustig aus, dass ich furchtbar lachen
musste. Opa klopfte an seine Stirn und die Zunge verschwand in
seinem Mund. Er zog an seiner Nase und die Zunge war wieder da.
Ich lachte mich regelrecht müde und schlief fröhlich ein. Am nächsten
Morgen brachte ich meine Eltern zum Lachen. Ratet mal, wie!

2 Wie hat Karam wohl seine Geschichte geplant?
Beantworte alle Fragen auf den Puzzleteilen.

Schreibe so: *Die Geschichte soll (lustig) sein.*
Das erkennt man an diesen Wörtern: (lustig, lachen, fröhlich)

Wie soll die Geschichte sein?	Die Geschichte soll ◯ sein. Das erkennt man an diesen Wörtern: ◯
Wo spielt die Geschichte?	Die Geschichte spielt … Das erkennt man an diesen Wörtern: ◯
Wer spielt mit?	◯
Wann spielt die Geschichte?	Die Geschichte spielt … Das erkennt man an diesen Wörtern: ◯
Was passiert?	◯

Wie geht es weiter?   **Wie endet die Geschichte?**   **Passt die Überschrift?**

Wörter mit Pf/pf

1 Lies den Text! Finde alle Wörter mit **Pf/pf**!

Die Klasse hat Tomaten im Topf gezogen.
Nun setzen die Kinder die empfindlichen
Pflanzen in den Schulgarten.
Wenn alle miteinander die Tomaten gut pflegen,
können sie im Sommer die Früchte pflücken.

2 Lies die Anlautbilder und schreibe
die Wörter auf.

W
der Apfel
empfindlich
hüpfen
impfen
die Impfung
der Kopf
pfeifen
die Pflanze
pflegen
pflücken
die Pfütze
schimpfen
stumpf
tapfer
der Topf
tropfen

3 Bilde zu den Substantiven in der Wörterleiste die Mehrzahl!
Kontrolliere mit dem Wörterverzeichnis!
die Impfung – die Impfungen, ...

4 Bilde zu den Verben aus der Wörterleiste die Vergangenheitsform!
Unterstreiche die Wortstämme!
hüpfen – hüpften, ...

5 Setze **stumpf**, **empfindlich** und **tapfer** passend ein!
*Das Messer ist ...
Das ... Schneiderlein trägt einen breiten Gürtel.
Die ... Haut muss vor der Sonne geschützt werden.*

6 Wähle aus der Wörterleiste drei Wörter
und bilde Wortfamilien!
pfeifen – pfiffig – die Pfeife, ...

Wörter mit Pf/pf sprechen und schreiben: Singular/Plural,
Wörter mit pf im Wortstamm, Wortfamilien

Wörter mit Sch/sch

1 Lies den Text. Schreibe ihn ab und ergänze passende Wörter aus der Wörterleiste!

Im Sommer … wir in der Hitze.
Es ist ruhig, weil alle Schüler …
Susi versteckt sich hinter dem Schrank,
weil sie ihre Schwester … möchte.
Das Essen … allen, obwohl es sehr … ist.
Die … Sprache ist für Ausländer eine … Sprache.

W

deutsch
erschrecken
der Schal
scharf
der Schlüssel
schmecken
der Schmutz
der Schreck
schweigen
schwierig
schwimmen
schwitzen
der Tisch

2 Er-Sie-Es-Rätsel

⚀ Welche Wörter aus der Wörterleiste sind gemeint? Finde sie und schreibe so:
1. Der Schmutz wird weggewaschen.

1 <u>Er</u> wird weggewaschen.
2 <u>Er</u> steckt im Schloss.
3 <u>Er</u> wird um den Hals gebunden.

⚁ Finde passende Wörter mit **Sch**! Schlage im Wörterbuch nach!
<u>Sie</u> kriecht ganz langsam.
<u>Es</u> schwimmt auf dem Meer.

⚂ Denke dir eigene Er-Sie-Es-Rätsel aus!
Verwende dabei Wörter mit **Sch**!

3 Was ist für dich schwierig? Wovor erschrickst du dich?
Wann schweigst du?

Regenwetter
Schwere Tropfen / fallen vom Himmel.
Heute brauchen wir / einen Schirm / und eine Mütze.
Wir hüpfen / in die Pfützen. Oh Schreck, / wir sind ganz schmutzig.
Ob Mama / mit uns schimpft?
Aber / es war doch / so schön.

ZUM ÜBEN

Redestab-Geschichten

 Wer den Redestab bekommt, erzählt die Geschichte weiter.
Probiert es aus!

Drei-Wörter-Geschichten

 Schreibt immer drei Wörter auf einen Zettel!
Alle Zettel kommen in eine Dose.
Ein Kind zieht einen Zettel und erzählt
mit den drei Wörtern eine kleine Geschichte.

Hosentaschen-Geschichten

 Legt alles, was ihr in euren Hosentaschen
habt, auf den Tisch.
Erzählt eine Geschichte zu diesen Gegenständen!

Märchenzeit

Er hat wirklich krumme Beine –
gewinnt den Wettlauf nicht alleine.
Holt geschwind noch seine Frau –
kluges Köpfchen, o wie schlau!
Herr Lampe bald am Boden liegt.
Sag, wer hat ihn denn besiegt?

Welche Märchen haben sich auf dem Bild versteckt?
Was gefällt dir an Märchen – was nicht?
Begründe deine Meinung!

Der Hase und der Igel

1 Lies den Text still durch!

Es war an einem Sonntagmorgen im Herbst.
Der Igel stand vor seiner Tür und guckte in den Morgenwind.
Auf einmal fiel ihm ein, er könne mal nach seinen Steckrüben
sehen. Gesagt, getan! Er war noch gar nicht weit gegangen,
als ihm der Hase begegnete. Der Igel grüßte freundlich:
„Guten Morgen, Meister Lampe!"
Der Hase aber sagte nur hochmütig:
„Wie kommt es denn, dass du hier
so früh am Morgen im Felde herumläufst?"
„Ich gehe spazieren", sagte der Igel.
„Spazieren?", fragte der Hase lachend, „du kannst deine
Beine doch wohl zu besseren Dingen gebrauchen."
„Du bildest dir wohl ein, dass du
mit deinen Beinen mehr ausrichten kannst?"
„Das denke ich", sagte der Hase.
„Das kommt auf einen Versuch an.
Wenn wir um die Wette laufen, überhole ich dich", meinte der Igel.
„Das ist ja zum Lachen, du mit deinen kurzen Beinen!",
sagte der Hase. „Was gilt die Wette?"
„Einen goldenen Taler und eine Buddel Branntwein", schlug der Igel vor.
„Angenommen, schlag ein! Dann kann's gleich losgehen."
„Nein, warte, ich will erst noch zu Hause ein bisschen frühstücken.
In einer halben Stunde bin ich wieder hier", sagte der Igel.
Unterwegs dachte der Igel darüber nach,
wie er den Hasen überlisten könnte …

nach den Brüdern Grimm

 2 Lest den Text mit verteilten Rollen!
Überlegt:
Welche Figuren kommen vor?
Was sprechen sie?
Denkt auch an den Erzähler!

Ich bin der Hase.
Ich lese den
roten Text.

Wer den Igel
spielt, liest den grünen
Text zwischen den
Anführungszeichen „…"

3 In der Bildergeschichte siehst du, wie das Märchen weitergeht.
Lies sie und finde heraus, wie der Igel den Hasen überlistet!

4 Erzähle das Märchen nach!

5 Kennst du den Schluss? Erzähle!

Es war einmal …

1 Lies die Sätze!

Der Wettlauf begann.
Der Igel blieb einfach in seiner Furche.
Als der Hase ins Ziel kam, stand da schon die Igelin.
Sie sah den Hasen und rief: „Ich bin all hier."

 **2** Schreibe die farbigen Verben in die Tabelle!
Ergänze die Verbformen im Präsens und die Grundformen!

Präteritum	Präsens	Grundform
er begann	er beginnt	beginnen
er blieb	…	…

3 Markiere immer den Wortstamm!
Was fällt dir auf?

 **4** Setze **schreien**, **rennen**, **laufen**, **fallen** im Präteritum ein!
Kontrolliere mit dem Wörterverzeichnis!

Der Hase …: „Noch einmal gelaufen!",
und … wieder los.
Er … immer hin und her.
Am Ende … er tot um.

Schrie?
Wo finde ich das im
Wörterverzeichnis?

Bei der
Grundform
schreien.

5 Finde weitere Verben,
bei denen sich der Wortstamm
im Präteritum ändert!

> Manche **Verben (Tätigkeitswörter)** haben
> im **Präteritum (Vergangenheit)** einen
> **anderen Wortstamm** als im **Präsens (Gegenwart)**:
> ich **lief** – ich **lauf**e
> du **rann**test – du **renn**st

MERKE DIR

Verben mit verändertem Stammvokal im Präsens/Präteritum kennen lernen;
Personalformen von Verben nachschlagen

AH S.24

Spielvorbereitungen

Die Kinder der Klasse 3a wollen das Märchen
„Der Hase und der Igel" aufführen.
Sie besprechen, worauf sie achten müssen:

Eine Kulisse ist
eine Ausgestaltung
der Bühne.

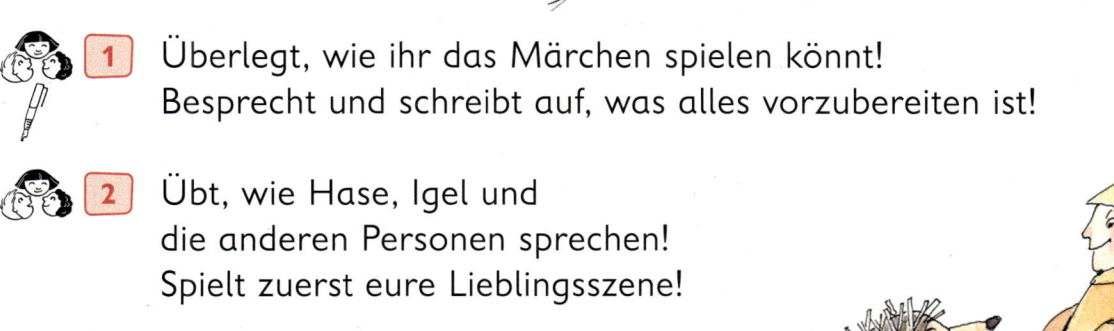

Wie viele Szenen
hat unser Stück?

Du meinst wohl
die kleinen
Abschnitte.

Was soll
das denn sein?

Brauchen wir
Requisiten und
Kulissen?

Wer übernimmt
welche Rolle und
wie viele Spieler
brauchen wir?

Es müssten
auch Igelkinder
oder Baumkinder
mitspielen.

Brauchen wir
einen Erzähler?

Was
sollen sie
sagen?

Wie können
wir uns Kostüme
herstellen?

Sollen wir
ein Plakat
malen?

Wen laden
wir ein?

1 Überlegt, wie ihr das Märchen spielen könnt!
Besprecht und schreibt auf, was alles vorzubereiten ist!

2 Übt, wie Hase, Igel und
die anderen Personen sprechen!
Spielt zuerst eure Lieblingsszene!

Ich bin
ein richtiger
Angeber.

Wörter mit ng oder nk

  1 Lies den Text und wähle eine der Aufgaben aus!

> ⚀ Schreibe aus dem Text
> alle Wörter mit **ng** heraus!

> ⚁ Schreibe aus dem Text
> alle Wörter mit **ng** heraus
> und bestimme deren Wortart!

> ⚂ Schreibe den Text im Präteritum auf!

Am Hexenhaus hängen süße Dinge.
Hänsel und Gretel haben Hunger.
Der junge Prinz küsst Dornröschen.
Rapunzel lässt ihr langes Haar herunter.
Rotkäppchen bringt der kranken
Großmutter Kuchen und Wein.
Schneewittchen läuft ängstlich
durch den dunklen Wald.

W

die Angst
ängstlich
die Bank
denken
dunkel
eng
hängen
der Hunger
jung
krank
lang
links
trinken
die Zeitung

 **2** Welche Wörter in der Wörterleiste lassen sich trennen?
Kontrolliere mit dem Wörterbuch!
 Schreibe so: *ängst-lich, …*

3 Bilde Substantive mit der Nachsilbe **-ung**!
Schreibe so: *die Zeitung, …*

Zeit	lösen	
Sitz	drehen	rund

-ung

Kreuz	hoffen	fest
Spiegel	Farbe	rechnen

> Wörter mit **-ung**
> am Ende sind immer
> Substantive.

Wörter mit ng und nk erkennen; Silben strategisch für die Rechtschreibung nutzen;
Suffix -ung als Kennzeichen von Substantiven kennen lernen

4 Was kann **dunkel**, **eng** oder **lang** sein?
Wer kann **ängstlich**, **jung** oder **krank** sein?
Ergänze und schreibe ab!

⚀ *Die Nacht ist dunkel. Es ist eine dunkle Nacht.*
Die Hose ist eng. Es ist eine … Hose.

⚁ *Der Schal ist … Es ist ein …*
… ist ängstlich. … ist …

⚂ *… ist jung. … ist …*
… ist krank. … ist …

ng oder **nk**?
Einfach verlängern:
es hä**ng**t – hä**ng**en,
er tri**nk**t – tri**nk**en

5 Schreibe die Grundformen zu diesen
Personalformen auf!
Unterstreiche den Wortstamm!
Schreibe so: *es hängt – hängen, …*
es hängt, sie denkt, du singst, er trinkt

6 Schreibe Gegensätze auf!
rechts und …, alt und …,
mutig und …, gesund und …,
weiß und …, hell und …

7 Bilde zusammengesetzte Substantive mit **Bank**!
Schreibe sie in Einzahl und Mehrzahl mit Artikel auf!

Sand   Fuß   Sitz   Park   Automat   Räuber   Konto

Im Schloss hängt / ein Zauberspiegel.   **ZUM ÜBEN**
Die böse Königin / will schöner sein / als alle anderen.
Ein ängstliches Mädchen / läuft durch
den dunklen Wald. Es kommt / zu einer kleinen Hütte.
Das Mädchen hat / Hunger und Durst.
Es trinkt / aus einem Becherlein / und isst von einem Tellerchen.
Eine alte Frau / bringt dem jungen Mädchen / einen Apfel.

Märchenhafter Weg

Es war einmal vor langer, langer Zeit ....

Märchenorte

Märchenfiguren

Zaubergegenstände

Was passiert?

Märchensprüche

Lieber guter Zauberhut...

Ringlein, Ringlein...

Wie endet das Märchen?

Und wenn sie nicht gestorben sind, dann ....

 Suche dir aus jeder Märchentruhe etwas aus und schreibe es auf! Schreibe damit dein eigenes Märchen!

produktionsorientiert arbeiten:
ein Märchen mithilfe vorgegebener Märchenmerkmale schreiben

Im Winter

Guten Abend,
schön Abend,
es weihnachtet schon …

aus Kärnten

Weihnachtszeit –
was entdeckt ihr dazu auf dem Bild?
Was wisst ihr über Weihnachten?

Geschenke

1 Lies die Aussagen der Kinder! Wie denkst du darüber?

Ich kaufe etwas für meine Eltern.

Ich habe nur wenig Taschengeld.

Wie kriege ich raus, worüber sich Oma und Opa freuen? Die haben doch schon alles.

Ist mir doch egal, ob sie sich freuen.

Das Geschenk muss zu jedem passen.

Mein Geschenk bastle ich selbst.

2 Schreibt die Wörter einzeln auf Karten!
Legt damit einen sinnvollen Satz!

HUND   EIN   SCHENKEN   WIR   NEUES
HALSBAND   UNSEREM

3 Stellt den Satz möglichst oft sinnvoll um!
Schreibt die verschiedenen Sätze auf!
Achtet auch auf Satzanfang und Satzende:
Unserem Hund schenken wir ein neues Halsband.
...

Das nennt man **Umstellprobe**.

4 Vergleicht eure Sätze! Welche Wörter bleiben beim Umstellen **immer** zusammen? Rahmt sie wie im Merkkasten ein!

Ein **Satz** besteht **aus** mehreren **Satzbausteinen**.   **MERKE DIR**
Satzbausteine, die beim Umstellen immer
zusammenbleiben, heißen **Satzglieder**.
Satzglieder können **aus einem oder mehreren Wörtern** bestehen.

Ich (bekomme) ein schönes Geschenk.

Ein schönes Geschenk (bekomme) ich.

---

eigene Gedanken zu einem Thema entwickeln;
Satzglieder durch Umstellprobe kennen lernen; Begriff: Satzglied   **AH** S.27

5 Schaut euch die Bastelanleitung für die Geschenkschachtel an!

6 Bildet mit den Satzgliedern vier Sätze!

1   ich   zuerst   eine Pappschachtel mit Buntpapier   beklebe

2   mit Sternen und Kreisen   den Deckel   anschließend   ich   verziere

3   in die Mitte   klebe   dann   ich   noch Perlen

4   zum Schluss   lege   ich   etwas Watte in die Schachtel

7 Schreibe die Bastelanleitung auf!
Achte dabei auf verschiedene Satzanfänge!
Achtung! Das Wort am Satzanfang schreibt man groß.
Am Satzende steht ein Punkt.

8 Wer schenkt wem was?
Bilde mit den Satzgliedern Sätze, die zu den Bildern passen!
Markiere die Satzglieder in verschiedenen Farben!

WER?	schenkt	WEM?	WAS?
Paul		Paul	einen langen Schal
Mutti		Mutti	ein Bild von sich
Vati		Vati	eine Lupe
Opa		Opa	warme Socken

Silvester und Neujahr

1 Lies die Texte!

Silvester bei uns
Wir verbringen Silvester immer so:
Am Nachmittag schmücken wir
die Wohnung mit Luftschlangen und
Luftballons. Abends kommen Freunde
und wir spielen verschiedene Spiele.
Um Mitternacht schauen wir uns
das Feuerwerk an und sagen uns gute
Wünsche. Dann verspeisen wir Pfann-
kuchen und ziehen Knallbonbons auf.

Lukas, 9 Jahre

Silvester in Tschechien
In den Weihnachtsferien besuchten
wir meine Tante in Tschechien.
Dort feierten wir Silvester mit
tschechischen Bräuchen. Jeder
halbierte einen Apfel. Wir schauten
das Kerngehäuse an. Mein Kerngehäuse war sternförmig. Das
bedeutete Glück für das neue Jahr.
Dann aßen wir Linsensuppe.

Mira, 9 Jahre

2 Finde im linken Text acht Verben im Präsens
und im rechten Text sieben Verben im Präteritum!
Ordne alle Verben in eine Tabelle ein!
Ergänze die fehlenden Formen!

Grundform	Präsens	Präteritum
verbringen	wir verbringen	wir verbrachten
schmücken	. . .	. . .
. . .	. . .	. . .

3 Welche Bräuche zum Jahreswechsel kennt ihr?
Ihr könnt euch auch im Internet informieren.

Ich frage FINN:
www.fragfinn.de
Suchbegriffe:
Silvester, Neujahr

4 Finde zu fremden Silvester- oder Neujahrs-Bräuchen
Sätze im Präsens!

In Spanien
isst man um Mitternacht
12 Weintrauben.

oder

Manche Leute
verschenken
zum neuen Jahr
Glücks-Klee.

5 Wie war es Silvester bei dir? Schreibe Sätze im Präteritum!

starke und schwache Verben im Präsens und Präteritum wiederholen;
Silvestertraditionen anderer Länder kennen lernen; eigene Silvesterbräuche beschreiben

Faschingszeit

1 Als was möchtest du zum Fasching gehen? Sage auch, warum!

Ich bin der Froschkönig.

Salam alaikum!

Mein verehrtes Publikum …

2 Bilde mit den Wortbausteinen neue Verben!
Schreibe Wortgruppen auf!
einen Bart ankleben, …

kleben malen nähen schneiden binden hängen

ab an zu aus um auf

3 Schreibe mit den Verben aus Aufgabe 2 Sätze!
Ich klebe den Bart an. …

Ich **klebe** dir einen Bart **an**.

4 So entstand Leons Kostüm.
Ergänze die Sätze und schreibe sie im Präteritum auf!

Leon (nahm) seinen Schlafanzug aus dem Schrank 〇.

Dann 〇 er aus Papier runde Puschel 〇.

Diese 〇 er am Kostüm.

Für die Halskrause 〇 Leon ein weißes Stück Papier.

Die Halskrause 〇 ihm sein Vater 〇.

Für den spitzen Hut 〇 Leon dünne Pappe.

Anschließend 〇 er seine Lippen mit einem roten Stift.

herausnehmen
ausschneiden
befestigen
verwenden
annähen
zerschneiden
übermalen

5 Markiere die Verben mit Wortbausteinen aus Aufgabe 4
in zwei verschiedenen Farben! *herausnehmen, …*

Miteinander üben: Fragediktat

1

Wähle mit einem Partnerkind einen Text **aus**!

2

> Silvester im Wald …

Dein Partnerkind **diktiert**, du **schreibst**!

3

> Wal █ mit t?

> Nein, mit d.

Frage dein Partnerkind, wenn du unsicher bist!

4

Silvester im Wald

Markiere deine Stolperstelle!

5

Kontrolliere deinen Text mithilfe der Vorlage!

6

> Wald mit **d**. Das höre ich bei der Mehrzahl: Wald – Wälder

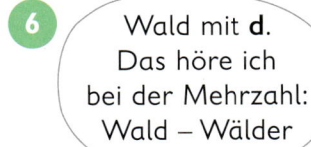

> Fuchs mit **ch**. Das muss ich mir merken.

Klärt bei den Stolperstellen, warum das Wort so geschrieben wird!

Rechtschreibung überprüfen

1   **Lies** deinen Text **genau! Markiere Stolperstellen!**
Das sind Wortstellen, bei denen du nicht sicher bist,
wie sie geschrieben werden.
Denke über die Rechtschreibung **nach! Verwende** die **Tipps!**

---

1   **Prüfe**, ob du **d** oder **t**,
g oder **k**, **b** oder **p** schreibst!

↓

Verlängere das Wort!
*es wir**d** – wer**d**en* → **d**

2   **Prüfe**, ob das Wort
am **Satzanfang** steht!

↓

Schreibe es **groß!**

3   **Prüfe**, ob du das
richtige Satzzeichen gesetzt
hast!

↓

Schreibe . oder **!** oder **?**

4   **Schlage** das Wort **im
Wörterbuch nach**, wenn du
keine Regel kennst! Du kannst
auch jemanden **fragen.**

5   **Prüfe**, ob du **äu** oder **eu**,
ä oder **e** schreibst!

↓

Finde ein **verwandtes
Wort** mit **au** oder **a**!
*er l**äu**ft – l**au**fen* → **au**
*das P**ä**ckchen – p**a**cken* → **ä**

6   **Prüfe**, ob das Wort
ein **Substantiv** ist!
1. Passt ein Artikel dazu?
2. Gibt es das Wort in
   Einzahl und Mehrzahl?
3. Steht vor dem Wort
   ein Adjektiv?

Das Wort ist ein
Substantiv, wenn auf eine
Frage die Antwort **Ja** ist.

↓

Schreibe es **groß!**

Im Winter wir~~d~~ es oft sehr kalt. die Tiere schützen sich?
Der Feldhase bekomm~~t~~ ein Winterfell.
Er bleib~~t~~ in der Kälte aktiv.
Der Frosch vergräb~~t~~ sich im Schlamm.
Igel senken die körpertemperatur und schlafen.

✏ **2**   **Schreibe** den Text richtig ab! Nutze die Tipps!

Wörter mit doppelten Mitlauten

1 Lies die Wortpaare laut und deutlich!
Klingt der erste Selbstlaut kurz oder lang?

Sch_a_f – sch_a_ffen St_ie_l – st_i_ll
_O_fen – _o_ffen Sch_i_ff – sch_ie_f
Sch_a_l – sch_a_llen

 2 Ergänze die Wortgruppen
mit den passenden Wörtern!

die ... Tür   offen
der ... im alten Schloss   schief
das ... auf dem Meer   Ofen
ein ... Turm   Schiff

3 Schreibe ab und ergänze die Beispiele
durch Wörter aus der Wörterleiste:

Wörter mit ff: der Affe, der ...
Wörter mit ll: der Stall, ...
Wörter mit nn: die Kanne, ...
Wörter mit mm: der Kummer, ...
Wörter mit ss: die Kasse, ...
Wörter mit tt: der Schlitten, ...

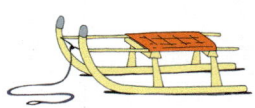

4 Welche Geschenke verstecken sich hier?

16	21	12	12	15	22	5	18

19	21	16	16	5

8	1	12	19	11	5	20	20	5

Jede Zahl
ist ein Buchstabe:
1 = A, 2 = B, ...

> Hört man nach einem kurzen, betonten Selbstlaut
> nur einen Mitlaut, dann wird dieser Mitlaut verdoppelt:
> B_a_ll, Gew_i_tter.

MERKE DIR

W

der Ball
die Brille
der Donner
dumm
dünn
der Fluss
das Gewitter
glatt
der Löffel
das Messer
der Mittag
die Nummer
offen
der Schall
der Schlitten
schnell
still
die Tanne
die Tasse
voll

5 Lies die Sätze!

Die Kinder schlittern
über die Eisbahn.
Sie rennen um die Wette.
Tobias und Franzi schaffen es ganz schnell.

W

kennen
klettern
messen
müssen
rennen
schaffen
schlittern
schütteln
schwimmen
stimmen
treffen

6 Schreibe die Sätze von Aufgabe 5 im Präteritum auf!
Die Kinder schlitterten ...

7 Immer zwei Wörter gehören zusammen.
Schreibe sie so auf:
ken-nen, kann-te, ...

schaf-fen

aber:
schaff-te

kennen	müssen	rollen	füllen
füllte	kannte	musste	rollte

8 Erkläre, wie du Wörter mit doppeltem Mitlaut trennst!

9 Bilde aus den roten und blauen Wörtern
zusammengesetzte Substantive! Es gibt verschiedene
Möglichkeiten. Markiere immer das Bestimmungswort!
der Schlittschuh, ...

rennen   schlittern   schwimmen   treffen

Schlitten   Schuh   Punkt   Halle   Bahn

ZUM ÜBEN

Es beginnt wieder / zu schneien.
Der Schnee fällt leise / auf die Erde.
Die Tannen bekommen / eine weiße Haube.
Paul holt / seinen Schlitten / aus dem Keller.
Anne und Hannes / rollen Schneekugeln.
Sie wollen / eine Schneefamilie bauen.
Danach gehen alle / Schlittschuh laufen.

Faschingsmasken

Das braucht ihr:

- einen Pappteller
- eine Schere
- Pinsel und Farben zum Anmalen

- Tonpapier und Wollreste zum Verzieren
- Gummiband zum Festbinden

So wird es gemacht:

1 In den Pappteller Augen schneiden.
Dazu den Pappteller an das Gesicht drücken und die Stelle für die Augen anzeichnen.

2 Den Pappteller so bekleben und bemalen, dass die gewünschte Maske entsteht.

3 Rechts und links je ein Loch bohren.
Das Gummiband durchziehen und verknoten.
Die Maske muss fest sitzen.

⭐ Bastle dir eine Maske passend zu deinem Faschingskostüm!

Das tut mir gut

Gemeinsam mit Freunden spielen
lachen und Quatsch machen
über alles reden können
coole Bücher lesen
keine Sorgen haben

Was tut den Kindern auf dem Bild gut?
Was tut dir gut?
Wann bist du glücklich?

Möhrensalat zubereiten

1 Versuche, mit den Satzgliedern jeder Zeile einen Satz zu bilden!
Was fällt dir auf?

 zuerst   Paul   die Möhren

 dann   er   die Möhren

 mit der Küchenmaschine   er   sie

 in der Zwischenzeit   Anna   einen Apfel

 sie   ihn   anschließend   in kleine Stücke

 die Äpfel und die Möhren   Tim   in eine Schüssel

 er   alles   mit etwas Öl und Zitronensaft

 2 Vervollständige die Sätze mit den Sammelwörtern!
Kreise in den Sätzen das Satzglied ein,
das sagt, was Anna, Paul oder Tim tun!
Zuerst (wäscht) *Paul die Möhren. ...*

waschen
schälen
zerkleinern
schälen
schneiden
geben
vermischen

 3 Was kann man in der Küche noch tun?
Bilde sinnvolle Sätze!
Opa (kocht) *Kartoffeln. ...*

Möhren sind gesund.

Erst **ein gebeugtes Verb (Tätigkeitswort)**
macht aus Wörtern und Wortgruppen einen **Satz.**
Man nennt dieses Verb **Prädikat (Satzaussage).**
Paul (**wäscht**) *die Möhren.*

MERKE DIR

Bewegung tut gut

1 Lies, was die Kinder tun!
Frage in jedem Satz mit „Was tut …?" oder „Was tun …?"
nach dem Prädikat!

Nico und Martha (laufen) im Stadion.

Am Montag (spielt) Felix Tischtennis.

Einmal im Monat (reitet) Tamara.

Laura (springt) auf dem Trampolin.

Kemal (tanzt).

2 Schreibe zu jedem Satz die Frage und die Antwort auf!
Markiere in den Antworten das Prädikat!
Was tun Nico und Martha? Sie (laufen).

3 Stelle in den folgenden Sätzen das Prädikat an den Anfang!
Schreibe die Sätze mit dem richtigen Satzzeichen auf!

Ron (joggt) mit seinem Vater.

Mia (rennt) auf den Pausenhof.

Anna (klettert) auf den Baum.

Paul (flitzt) um die Ecke.

4 Was tust du gern?
Bilde möglichst viele Sätze mit unterschiedlichen Prädikaten!

Das **Prädikat (die Satzaussage)** ist das Satzglied,
das auf die Frage **Was tut …?** oder **Was tun …?**
antwortet.
***Was tut** Alina? Alina (**klettert**).*
***Was tun** Maria und Karam? Sie (**spielen**).*

MERKE DIR

Sport tut gut

1 Schaut euch das Bild an! Welche Zahlen entdeckt ihr?
Was bedeuten sie?

12:08	
1:2	
Heim	Gäste
5' Müller	9' Lauer
	11' Hoster

2 Manchmal schreibt man für Ziffern Zahlwörter.
Beratet, welche Zahlwörter ihr hier einsetzen müsst!

Fußball

Bei einem Punktspiel dauert eine Halbzeit ▮ Minuten.
Die Pause zwischen den Halbzeiten ist ▮ Minuten lang.
Zu einer Mannschaft gehören ▮ Spieler,
▮ Feldspieler und ▮ Torwart.
Außerdem sitzen ein paar Spieler auf der Reservebank.
Wenn es mehrere Unterbrechungen gegeben hat,
lässt der Schiedsrichter am Ende immer einige Minuten
nachspielen.

 3 Schreibe die Zahlwörter in Wortgruppen auf!
fünfundvierzig Minuten, …

 4 Finde im Text zwei weitere
unbestimmte Zahlwörter!
Schreibe so: *ein paar Spieler, …*

Einige Minuten?

Ganz unbestimmt!

5 Welche bestimmten oder unbestimmten Zahlwörter
sind bei anderen Sportarten wichtig?

bestimmte und unbestimmte Numeralia kennen lernen; Begriff: Zahlwort   AH S.35

6 Lies den Text!

Fußballtraining

Zuerst *laufen* wir eine Runde.
Der *Lauf* macht uns warm.
Dann *springen* wir mit dem Seil.
Es sollen möglichst viele *Sprünge* sein.
Nun *schießt* jeder den Ball ins Tor.
Schade, mein *Schuss* ging daneben!
Der Torwart *wirft* den Ball zurück.
Leon stoppt den *Wurf*.

7 Schreibe die roten Verben aus dem Text untereinander!

 Schreibe dazu das passende Substantiv aus dem Text!
laufen – der Lauf

Schreibe das passende Substantiv in Einzahl und Mehrzahl dazu!
laufen – der Lauf, die Läufe

Schreibe eine Wortgruppe mit dem passenden Substantiv
in Einzahl und Mehrzahl dazu!
laufen – ein schneller Lauf – schnelle Läufe

8 Wer trainiert hier?

schwimmen – der Schwimmer, die Schwimmerin
reiten   – ...
tanzen   – ...
boxen   – ...

9 Bilde mit den Verben aus Aufgabe 8 zusammengesetzte Substantive!
schwimmen – das Schwimmbad

> **Von** manchen **Verben (Tätigkeitswörtern)**
> kann man **Substantive (Namenwörter) ableiten**.
> Sie haben einen Artikel (Begleiter).
> *laufen – der Lauf, der Läufer, die Läuferin*

MERKE DIR

Ich fühle mich mal so, mal so

1 Lies das Gedicht!

Meine zweimal geplatzte Haut

Ich könnte platzen.
Aus allen Nähten
könnte ich platzen
vor Wut.
Meine Hände zittern.
Meine Stimme bebt.
Meine Haut tut mir weh von so viel Wut.
Ich fühle mich krank in meiner Haut,
weil du so bös zu mir warst.

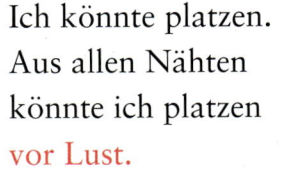

Ich könnte platzen.
Aus allen Nähten
könnte ich platzen
vor Lust.
Meine Hände winken.
Meine Stimme lacht.
Mein Bauch gluckert von so viel Lust.
Ich fühle mich wohl in meiner Haut,
weil du so lieb zu mir warst.

Hanna Hanisch

2 Wie fühlt sich das Kind?
Wann wart ihr das letzte Mal richtig wütend,
wann habt ihr euch richtig gut gefühlt? Sprecht darüber!

3 Lies die Satzkärtchen.
Welche Sätze drücken Wut, welche Freude aus?

⚀ Ordne sie in eine Tabelle!

Wut	Freude

⚁ Ordne sie in eine Tabelle
und denke dir selbst ein weiteres Beispiel aus!

⚂ Schreibe mit den Sätzen ein Gedicht wie in Aufgabe 1!
Schreibe in der letzten Zeile, warum du wütend bist
oder warum du dich freust!

Mein Herz hüpft. Meine Stimme jubelt.

Meine Stimme brüllt.

Mein Mund lacht. Meine Füße stampfen.

Meine Hände klatschen.

Ich könnte platzen.
Aus allen Nähten
könnte ich platzen
vor ....
Meine ....
Meine....
Meine ... von so viel....
Ich fühle mich...in meiner Haut,
weil du so ... zu mir warst.

sich über eigene Gefühle mit adäquaten Worten äußern;
einen Paralleltext schreiben

Der erste Tag in der neuen Klasse

1 Schaut euch die Bilder an!
Worum geht es? Erzählt einander die Geschichte!

① *Das ist unsere neue Mitschülerin Lena. …*

② ③ ④

2 Wie fühlt sich Lena in der Geschichte?
Findet Wörter oder Sätze,
die zu Lenas Gefühlen passen!

3 Was könnte bei Bild 3 passiert sein?
Erzählt oder spielt es!

4 Schreibe die Geschichte auf!
Die Sammelwörter helfen dir!

Lehrerin stellt … vor
Klasse
Hofpause
alle toben
steht abseits
will mitspielen
Seilspringen
miteinander

Eine Schreibkonferenz durchführen

1 Suche dir zwei bis drei Kinder für eine Schreibkonferenz!
Lest die Anleitung!

1 Setzt euch in einer kleinen Gruppe zu einer Schreibkonferenz zusammen. Das Autorenkind liest seinen Text der Gruppe vor.

2 Die Beraterkinder äußern ihre Meinung zum Text. Sie überlegen, ob sie alles verstanden haben, oder stellen Fragen.

3 Das Autorenkind liest den Text noch einmal vor. Die Beraterkinder füllen die Checkliste aus und geben Tipps für die Überarbeitung.

Texte überarbeiten

1 Überprüft in einer Schreibkonferenz
oder auch allein eine Geschichte eurer Wahl!

1 **Überprüfe** den **Aufbau!**
Stehen in deinem Text
Einleitung,
Hauptteil und
Schluss
in der richtigen
Reihenfolge?

2 **Überprüfe** die **Rechtschreibung!**
- Hast du **Satzanfänge**
  großgeschrieben?
- Hast du alle
  Satzschlusszeichen gesetzt?
- Hast du Stolperstellen markiert
  und die Wörter im **Wörterbuch**
  nachgeschlagen?

3 **Überprüfe** den **Inhalt!**
- Passt deine **Überschrift**
  zum Text?
- **Fehlt etwas**
  in deinem Text,
  um ihn zu verstehen?

4 **Überprüfe** den **Ausdruck!**
- Hast du verschiedene
  Satzanfänge verwendet?
- Hast du **treffende Verben und**
  Adjektive verwendet, damit
  deine Geschichte **spannend,**
  lustig oder **interessant** ist?

2 Nutzt eine Checkliste für eure Schreibkonferenz!
So könnte sie aussehen.

Name: _____	☺	😐	☹	Tipps für die Überarbeitung
... hat die Reihenfolge eingehalten.				
... hat den Text verständlich geschrieben.				
... hat eine passende Überschrift gefunden.				
... hat verschiedene Satzanfänge verwendet.				
... hat die Wörter richtig geschrieben.				
...				

Blaue Seiten

Wörter mit ck

1 Finde im Text die sieben Wörter mit **ck**!
Schreibe sie heraus und markiere den kurzen
Selbstlaut vor dem **ck** mit einem Punkt (.)!
lecker, …

Frisches Obst und Gemüse
sind gesund und lecker.
Süßes Gebäck und Getränke
mit Zucker schmecken zwar auch,
aber sie machen dick und sind ungesund.
Ein Stück Kuchen oder eine andere
Leckerei sollte man bewusst genießen.

Kurzer Selbstlaut – darum **ck**!

W

die Brücke
dick
drücken
die Ecke
die Jacke
lecken
schmecken
der Stock
das Stück
wecken
der Zucker
zurück

2 Lege eine Tabelle an!
Trage die Verben der Wörterleiste so ein:

Grundform	Präteritum
drü-cken	*ich drück-te*
schme-cken	*ich …*

Trenne nie **ck**!

3 Schreibe die Substantive **Brücke**, **Jacke**, **Stock**
und **Stück** in Einzahl und Mehrzahl auf!
Trenne sie in der Mehrzahl!
die Brücke, die Brü-cken, …

Brauchst du ein **n**?

4 Wähle immer ein Substantiv aus der Wörterleiste
und setze es als Brückenwort ein!
der Skistock – das Stockwerk, …

SKI   WERK

HAUS   ZAHN

WÜRFEL   DOSE

WINTER   KNOPF

Wörter mit tz

1 Schreibe die sieben Wörter mit **tz**
aus dem Text heraus! Markiere den kurzen
Selbstlaut vor dem **tz** mit einem Punkt (.)!

Lutz spielt mit seinen Freunden Fußball.
Sein Hund Fritz läuft blitzschnell
dem Ball nach. Er landet in einer Pfütze.
Das Wasser spritzt hoch. Der Hund ist
ganz schmutzig. Jetzt müssen alle lachen.

Kurzer
Selbstlaut –
darum **tz**!

2 Schreibe die Reimwörter auf.

der Witz	die Pfütze	der Putz
der Bl...	die M...	der Sch...
der Schl...	die St...	der Schm...

3 Hier sind einige Wörter vertauscht.
Schreibe sie richtig auf!
der Schmutzfink – das Satzzeichen, ...

der Satzfink – das Schmutzzeichen
die Blitzmütze – der Schlafschlag
die Parkpfütze – der Regenplatz

4 Trenne die Wörter nach Silben!
Kontrolliere mit dem Wörterverzeichnis.
Schreibe so: *put-zen, er putz-te, ...*

Silben
klatschen!

putzen, er putzte, spritzen, sie spritzte, kratzen
es blitzte, zuletzt, schmutzig, verletzen, die Hitze

W

der Blitz
blitzen
die Hitze
die kratzen
die Mütze
die Pfütze
der Schmutz
schmutzig
der Schutz
schützen
schwitzen
spritzen
verletzen

merke:
jetzt
letzter
zuletzt

Nicki und Patrick gehen an ihren Platz. Jetzt beginnt
der Staffellauf. Wie der Blitz / laufen sie los. Am Stock
wenden sie / und laufen zurück. Zuletzt schlagen sie /
den nächsten Läufer an. Das letzte Kind läuft los.

ZUM ÜBEN

Freundeseite

Sprachspiele mit Freunden

Selbstlautzauber
Wählt einen Selbstlaut.
Findet zuerst Wörter, in
denen er einmal vorkommt,
dann zweimal, dann dreimal.
Wer kein Wort weiß,
gibt ein Pfand ab.

a
Wal
Anfang
Ananas
Ananasblatt

Wörterzauber
Wählt ein langes Wort aus!
Versucht nun, mit den Buch-
staben eures Wortes neue
Wörter zu bilden. Wer schafft
die meisten?

SPIELMANNSZUG

Spiel	Seil	an
Mann	Spanne	im
Zug	Mangel	neu

Warme Dusche
Gestaltet für einen
Freund oder eine
Freundin eine kleine Karte
mit einem netten Kompliment.

Du kannst toll ...

⭐ Spielt die Spiele gemeinsam!

Vor- und Rückwärtszauber
Findet Wörter, die von vorn
und von hinten gelesen
ein sinnvolles Wort ergeben.

NEBEL
ANNA
MARKTKRAM

Schlangenwortzauber
Wer schreibt das längste
Schlangenwort?
Versucht möglichst viele Wörter
aneinanderzuhängen.

Fisch
Fischfutter
Fischfutterdose
Fischfutterdosendeckel
Fischfutterdosendeckelverschluss

Namenszauberei
Versucht, eure Namen so
schnell wie möglich rückwärts
zu sprechen! Vielleicht schafft
ihr das auch mit kurzen Sätzen.

vitketeD

Sprache gemeinsam handlungsorientiert und spielerisch erfassen

Früher und heute

Zeppelin
Elektrizität
Inliner
Telefon
Raumschiff
Eisenbahn
Internet
Schieferkasten
E-Mail

Geh auf Entdeckungsreise!
Was gab es früher? Was gibt es heute?
Was findest du besonders interessant?

Früher und heute unterwegs

 1 Lest den Sachtext und klärt unbekannte Wörter!

Deutschland hatte 1660 die erste
regelmäßige Postkutschenverbindung.
Die Kutschen fuhren zwischen Leipzig und Hamburg.
Zur damaligen Zeit war die Postkutsche
nicht nur für den Transport von Post,
sondern auch für die Beförderung
von Passagieren zuständig.
In der Kutsche saßen die Leute eng und unbequem.
Die Kutsche hielt an den Poststationen.
Dort tränkte und fütterte der Postillion die Pferde.
Die Reisenden nahmen währenddessen eine Vesper ein.
Als Signal für die Weiterfahrt blies der Kutscher in sein Horn.
Für eine Strecke, die man heute in zwei Stunden zurücklegt,
brauchte die Postkutsche zwei bis drei Tage.
Diese Zeiten findet man auch heute noch an verschiedenen Postmeilensäulen.

2 Erzählt von einer Reise oder einem Ausflug!
Was ist heute anders als früher?

3 Hier geht die Post ab!

⚀ Schreibe alle zusammengesetzten Substantive mit **Post**
aus dem Text ab!

⚁ Lies die Aussagen! Schreibe nur die richtigen Sätze ab!
- Die erste Postkutsche fuhr 1670.
- Die Kutschen fuhren zwischen Leipzig und Hannover.
- Die Postkutsche beförderte nur Post.
- In der Kutsche saßen die Leute unbequem.
- Für eine Strecke, die man heute in zwei Stunden zurücklegt,
  brauchte die Postkutsche mehrere Tage.

⚂ Wie wird heute Post befördert? Schreibe im Präsens!
Markiere bei den Verben den Wortstamm!
Heute steckt man die Briefe und Karten in den Briefkasten.
Dort holt sie ...

Am Anfang war der Schieferkasten

1 Sieh dir das Bild an und lies den Text!

In einem **Griffelkasten** oder
Schieferkasten bewahrten die Kinder
früher Stifte, Federhalter und
Bleistifte für die Schule auf.
Diese kleinen Kästen waren meist
aus Holz. Der Deckel war entweder
drehbar oder wurde in einer Schiene
in den Kasten geschoben.

2 Sieh dir nun deine Federtasche genau an!
Welche Unterschiede findest du zu einem Griffelkasten?

3 Beschreibe deine Federtasche! Lege dazu einen Steckbrief an!
Nutze die Sammelwörter!

Name: Federtasche
Material:
Farbe:
Form:
Größe:
Inhalt:
Verwendung:

Reißverschluss
Kunststoff
Leder
Gummi
Halterung
eckig
oval
rund

4 Ella hat ihre Sporttasche verloren.
Sie hängt in der Schule einen Zettel aus.
Wird sie die Tasche so wiederbekommen?
Begründe deine Meinung!

Sporttasche gesucht!
Ich suche meine
Sporttasche.
Ich habe sie in der
Turnhalle vergessen.
Sie sieht blau aus.
Ella

5 Beschreibe deine Sporttasche
für andere Kinder so wie in Aufgabe 3!
Spielt gemeinsam ein Taschenquiz!

Fragestunde mit Oma

1 Lies das Gespräch!

Durftest du als Kind am Computer spielen?

Wir hatten noch keinen Computer.

Womit hast du dann gespielt?

Ich habe viel gelesen und mit meinen Freunden gespielt.

2 Schreibt das Gespräch auf Papierstreifen!
Ersetzt dabei die Sprechblasen durch Anführungszeichen!

„Durftest du als Kind am Computer spielen?"

3 Schreibt diese Begleitsätze auf Papierstreifen!
Ordnet sie den Gesprächssätzen passend zu!

Tim fragt: Oma antwortet: Oma erzählt: Tim staunt:

4 Schreibe das Gespräch mit Begleitsätzen auf!
Achte auf den Doppelpunkt nach dem Begleitsatz!
Tim fragt: „Durftest du als Kind am Computer spielen?"

5 Welche weitere Verben für einen Begleitsatz kennst du noch?
lachen, schreien, flüstern, …

6 Wen möchtest du gerne über früher befragen?
Überlege dir einige Fragen und bereite ein Interview vor!

Was jemand im Satz sagt, heißt **wörtliche Rede.**   **MERKE DIR**
Die wörtliche Rede **steht in Anführungszeichen.**
Vor der **wörtlichen Rede** kann ein **Begleitsatz** stehen.
Tim fragt: „Wie alt bist du?"
_____ : „.........................?"

Begleitsatz   wörtliche Rede

Im Poesiealbum stöbern und schmökern

1 Paul hat ein altes Album seiner Ururoma
mit in die Schule gebracht.
Woran erkennst du, dass das Album aus vergangener Zeit ist?

Ein **Album**,
viele **Alben**.

2 Schreibe den Text ab! Setze die wörtliche Rede
in Anführungszeichen und markiere die Begleitsätze!

Paul erklärt: Dieses Album gehörte meiner Ururoma.
Max fragt: Wer hat da hineingeschrieben?
Paul antwortet: Das weiß ich nicht.
Lisa ruft: Das steht doch da!
Leon wundert sich: Ich kann die Schrift aber nicht lesen.
Paul meint: Vielleicht kann uns Frau Bach helfen.

3 Die Schrift im Poesiealbum heißt Sütterlin.
Schreibe deinen Namen in Sütterlin auf!

a	b	c	d	e	f	g	h	i	j	k	l	m	n	o	p	q	r	s	t	u	v	w	x	y	z

A	B	C	D	E	F	G	H	I	J	K	L	M	N	O	P	Q	R	S	T	U	V	W	X	Y	Z

Wörter mit ß

1 Finde das Gegenteil in der Wörterleiste!
Schreibe die Wortgruppen ab!

Pechmarie war faul – Goldmarie war …
Zitrone ist sauer – Schokolade ist …
Das Herz ist innen – die Haut ist …
Eine Maus ist klein – ein Elefant ist …

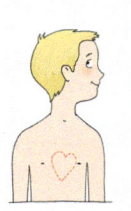

2 Bilde die Personalformen
von **grüßen**! Unterstreiche die Wortstämme!

Ich … meine Freunde. Lilli … ihre Oma.
Wir … unseren Lehrer. Ben … Max.

3 Ordne die Wortfamilien!
Unterstreiche den Wortstamm!

das Maßband, die Fleißarbeit, messen, die Grüße,
die Maßanfertigung, begrüßen, fleißig, er grüßt,
die Fleißaufgabe, das Metermaß, die Grußkarte

das Maß, …
der Fleiß, …
der Gruß, …

4 Welche Süßigkeiten magst du besonders gern? Schreibe auf!
Ich mag gern süße …

5 Welche Ausreden findest du manchmal? Schreibe sie auf!
Ich möchte bloß noch …

⚀ Es ist schon spät.
⚁ Julia möchte bloß noch ein Bonbon essen.
⚂ Sie hat aber bereits fleißig die Zähne geputzt.
⚃ Hoffentlich merkt Mama nichts.
⚄ Julia legt die Süßigkeit zurück.
⚅ Sie wartet lieber bis morgen.

ZUM ÜBEN

W

außen
bloß
der Fleiß
fleißig
groß
der Gruß
grüßen
das Maß
süß
die Süßigkeit
merke:
aus
Gras

Wörter mit t in der Wortmitte oder am Wortende

1 Schreibe eines der Rätsel ab!
Das Lösungswort findest du in der Wörterleiste.

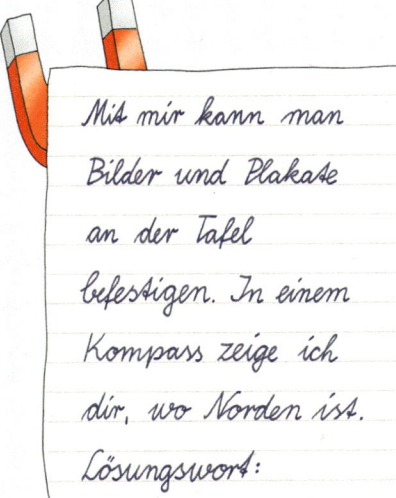

Mit mir kann man
Bilder und Plakate
an der Tafel
befestigen. In einem
Kompass zeige ich
dir, wo Norden ist.
Lösungswort:

Ich bin lang und
dünn und meist
aus Metall. Oft
werde ich in Kabeln
verwendet und lasse
dort den elektrischen
Strom fließen.
Lösungswort:

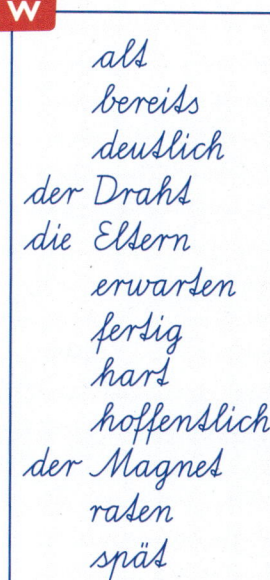

als
bereits
deutlich
der Draht
die Eltern
erwarten
fertig
hart
hoffentlich
der Magnet
raten
spät

2 Finde das Wort **raten** im Wörterverzeichnis!
Schreibe ab, was noch dabei steht!

3 Welche Wörter aus der Wörterleiste stehen hier in Geheimschrift?

4 Schreibe den Text ab! Setze die wörtliche Rede
in Anführungszeichen und markiere die Begleitsätze!

Die Klasse 3 b möchte ins Kino gehen.
Lisa sagt: Hoffentlich kommen wir nicht zu spät!
Die anderen sind bereits fertig.
Nico ruft: Ich kann es kaum erwarten.

5 Kennst du diese Redewendungen? Erkläre sie!

eine harte Nuss knacken   harte Schale – weicher Kern

besser spät als nie   abwarten und Tee trinken

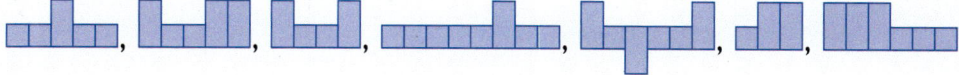

Werbung – früher und heute

Von **100 Mädchen** sind 90 schief, in Folge fortgesetzt **einseitiger Belastung** besonders durch Schulmappen. **Nur** die Augusta=Mappe (Syst. Herzberg) ist mit einer Tragvorrichtung versehen, welche das Gewicht auf den Körper **gleichmäßig** vertheilt und dadurch **Rückgratsverkrümmungen** in **natürlichster** Weise verhindert. In Folge dieses Vorzuges ist die Augusta=Mappe in den meisten Berliner höheren Töchterschulen eingeführt und wird von Lehrern, sowie von Aerzten empfohlen. Hochelegante und gediegenste Ausführung. Preis Mk. 5,50 pro Stück gegen Einsendung des Betrages oder gegen Nachnahme Mk. 5,70 Franco=Zusendung. Bei Nichtgefallen Zurücknahme gegen Rückzahlung des Betrages. Die Augusta=Mappe ist zu haben in den meisten Geschäften für Schulbedarf und direct vom Fabrikanten

Albert Thiese, Berlin S., Fürstenstraße 13.

Man verlange Prospect.

Werbung im Jahr 1889

 Lest die Werbeanzeige und sprecht darüber!

 Gestalte selbst ein Werbeplakat für eine Schultasche, die dir gefällt!

 Was könnten deine Kinder oder Enkel später in der Schule einmal brauchen? Schreibe oder male es auf!

gemeinsam handlungs- und produktionsorientiert arbeiten: alte Schrift lesen; ein Plakat gestalten; Zukunftsvorstellungen entwickeln

Im Frühling

Überall, wohin man schaut,
ist der Schnee jetzt weggetaut.
Alles trägt ein grünes Kleid,
endlich ist es Frühlingszeit.
Knospen sprießen, es erwacht
zauberhafte Blütenpracht.

Erzählt, wie ihr den Frühling
sehen, riechen, hören und fühlen könnt!

Nach dem Winter

  1 Erzählt zu den Bildern oder schreibt eine Geschichte auf!

⚀ Was könnte Frau Meise im Winter erlebt haben?

⚁ Was könnte Frau Schwalbe im Winter erlebt haben?

⚂ Was könnten Frau Meise und Frau Schwalbe
im Winter erlebt haben?

2 Schreibe zwei Sätze mit **so ... wie** auf!
Schreibe so: *Im Winter waren die Straßen so glatt wie ...*

Hier war es
so kalt wie
im Kühlschrank.

Im Süden war es
so heiß wie
im Backofen.

3 Was könnte im Frühling schöner sein als im Winter?
Schreibe so: *Im Frühling ist es wärmer als ...*

Warum
bist du jetzt erst
zurückgekommen?

Hier ist es jetzt
wärmer als im Winter.
Die Sonne scheint
länger als im Winter.

Adjektive (Eigenschaftswörter) helfen, **MERKE DIR**
etwas zu **vergleichen**.
Gleiches vergleichen: *Er ist **so alt wie** sein Freund.*
Unterschiedliches vergleichen: *Tim ist **älter als** sein Bruder.*

Tierkinder – mal klein, mal groß

1 Schreibe die Formen der Adjektive heraus!
Unterstreiche die Wortstämme und vergleiche die Endungen!

Das Lämmchen ist **klein**.
Das Häschen ist **kleiner** **als** das Lämmchen.
Das Küken ist **am kleinsten**.

2 Setze **groß**, **größer**, **am größten** passend ein!

Der Käfer ist klein.
Das Küken ist dagegen …
Das Häschen ist … **als** das Küken.
Das Lämmchen ist noch … **als** das Häschen.
Das Lämmchen ist **am** …

3 Schreibe Vergleiche auf!

▫ Vergleiche die Blumen!
Schreibe so:
Der Krokus ist …
Das Maiglöckchen ist … als …
…

Krokus   Maiglöckchen   Tulpe

▫ Vergleiche die Tiere!

▫ Finde eigene Vergleiche!
Zeichne dazu!

Adjektive (Eigenschaftswörter) kann man **steigern.** **MERKE DIR**

Grundstufe	Mehrstufe	Meiststufe
klein	*klein**er***	*am klein**sten***
schnell	*schnell**er***	*am schnell**sten***

Osterschmuck – Osterbräuche

1 Lies den Text!
Setze passende Sammelwörter in die Lücken ein!

Die Kinder ⬭ die Sträucher mit Ostereiern.
Am Osterbäumchen ⬭ zwölf Ostereier.
Auch der Brunnen ⬭ Osterschmuck.
Junge Mädchen ⬭ schweigend am
Ostermorgen Osterwasser.
Osterwasser ⬭ schön.
Peter ⬭ für den Osterhasen ein Nest.
Der Osterhase ⬭ die Eier.

basteln
bauen
bekommen
erhalten
hängen
holen
legen
machen
schmücken
schöpfen
verstecken

2 Welches Satzglied fehlt?
Erkläre!

3 Wähle Sätze aus Aufgabe 1!
Schreibe so:
Die Kinder (schmücken) die Sträucher mit Ostereiern.

⚀ drei Sätze ⚁ fünf Sätze ⚂ alle Sätze

4 Lest euch eure Sätze gegenseitig vor
und vergleicht!

5 Bilde verschiedene Sätze!
Markiere das Prädikat!

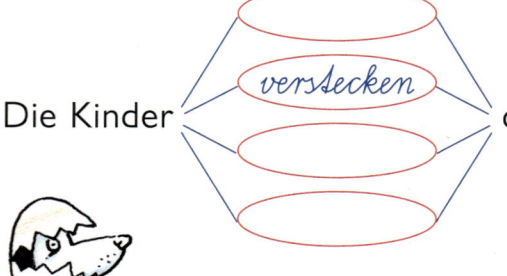

Die Kinder *verstecken* die Ostereier.

Ostereier überall

1 Lies den Sachtext!
Was wusstest du noch nicht?

Bunte Ostereier gibt es seit etwa 300 Jahren.
Die Menschen färbten sie mit Natursäften
aus Spinat oder Zwiebelschalen.
Später verzierten sie die Eier mit Mustern
oder Bildern.
Besonders kunstvoll gestalteten die Sorben
ihre Ostereier.
Früher benutzte jede sorbische Familie
ihre eigenen Muster und Farben.
Das Wissen über die besten Färbetechniken
war ein Geheimnis.
Man gab es nur innerhalb der Familie weiter.

2 Schreibe alle sieben Prädikate aus dem Text heraus!

3 Beschreibe, wie du ein Osterei gestaltest!
Achte dabei auf verschiedene Satzanfänge
und passende Verben!
Achte auf die Reihenfolge!

ausblasen	kochen	
bemalen	bekleben	beschriften
lackieren	mit Speck einreiben	
ansprühen		

Zuerst
Danach
Nun
Zum Schluss

4 Lest euch eure Beschreibungen vor!
• Stimmt die Reihenfolge der Tätigkeiten?
• Habt ihr verschiedene Satzanfänge verwendet?
• Habt ihr die Wörter richtig geschrieben?
Gebt euch Tipps zur Überarbeitung eurer Anleitungen!

Informationen aus einem Sachtext entnehmen und mit eigenen Worten wiedergeben;
das Prädikat erkennen; eine Handlungsanweisung schreiben

77

Wörter mit lk, nk, rk oder lz, nz, rz

1 Finde im Text jeweils ein Wort
mit **nk**, **lk**, **rk** und **lz**, **nz**, **rz**!
Schreibe so: *nk: schenken, lk: verwelken, rk: ..., ...*

W

danken
denken
das Gewürz
die Gurke
das Herz
merken
der Pilz
der Quark
das Salz
schenken
der Schwanz
stark
tanzen
das Werk
die Wolke

Am Muttertag schenken viele Kinder
ihren Müttern etwas. Ilka schreibt
ein Gedicht. Sie merkt es sich
und sagt es auf. Franz bastelt
aus Salzteig ein Herz. Sina tanzt
für Mutti. Franka hat Blumen gepflückt.
Hoffentlich verwelken sie nicht so früh.

Am heutigen Tag
bedank ich mich,
weil ich dich mag:
Ich liebe dich.

2 Schreibe jeweils einen Satz mit
stark – stärker – am stärksten!

Nach **l**, **n**, **r**
das merk dir ja,
steht nie **tz** und
nie **ck**!

3 Bilde mit **Quark**, **Pilz** und **Gurken**
sinnvolle zusammengesetzte Substantive
und schreibe sie mit dem Artikel auf!

Salat   Kuchen   Buch

Schale   Becher   Suppe

4 Welche Substantive der Wörterleiste stehen hier in Geheimschrift?
Schreibe sie auf!

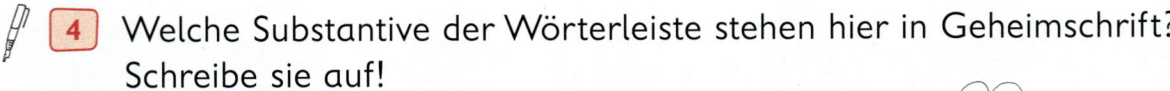

5 Schreibt andere Wörter aus der Wörterleiste in Geheimschrift!
Tauscht die Rätsel aus und löst sie dann!

6 Finde verwandte Wörter!
Nutze auch die Wörterleiste.

der Dank – ..., herzlich – ..., das Geschenk – ..., die Stärke – ...

Wörter mit lk, nk, rk oder lz, nz, rz in Sinnzusammenhängen schreiben; Komposita bilden;
Wortumrisse erkennen; verwandte Wörter finden

Wörter mit h am Ende des Wortstammes

1 Was haben alle Wörter
der Wörterleiste gemeinsam?

2 Setze Verben der Wörterleiste in der richtigen
Personalform ein und markiere den Wortstamm!
Schreibe so: *Der Schneider* näht ...

Der Schneider ⬭ ein neues Kleid.
Die Holzkohle ⬭ im heißen Feuer.
Die Zeiger der Uhr ⬭ sich.
Im Frühling ⬭ viele Pflanzen.
Das Eichhörnchen ⬭ nun nicht mehr.

3 Schreibe die Substantive in Einzahl und Mehrzahl
so auf:
das Reh – die Rehe, der Fernseher – ...,
die Naht – ..., der Draht – die ..., der Schuh – die ...

4 Schreibe die Reimpaare auf!

glühen	drehen	stehen	mähen	Schuhe
bl...	w...	g...	n...	R...

5 Bilde mit dem Wort **Fernseher** zusammengesetzte Substantive!

das Programm	die Zeitschrift	der Film
das Gerät	das Kabel	der Bildschirm

Im Fernsehen / sind viele Sendungen zu sehen.
Rehe ziehen / im Frühling / durch den Wald.
Ein Bär erwacht / in einer Höhle / aus der Winterruhe.
Kinder drehen sich / im Kreis.
Dann springen sie / fröhlich in die Höhe.
Warum glüht der Draht / in einer Glühlampe?

ZUM ÜBEN

Wörterleiste (W):
blühen
drehen
der Fernseher
geschehen
glühen
die Höhe
die Nähe
nähen
die Naht
das Reh
die Ruhe
ruhen
wehen

Ostereier

So wird der Eierbecher gebastelt:

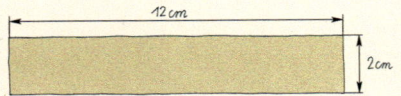

Einen Pappstreifen zusammenrollen
und zusammenkleben.

So wird die Nase gebastelt:

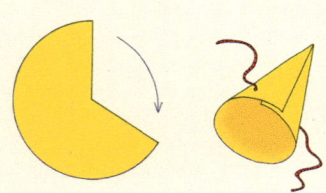

Aus einem Kreis ein Stück ausschneiden,
zusammenrollen und kleben.
Zum Befestigen wird ein Bindfaden
durchgezogen.

 Bastelt Osterküken.
Welche Ideen habt ihr außerdem?

Ei-Tangram

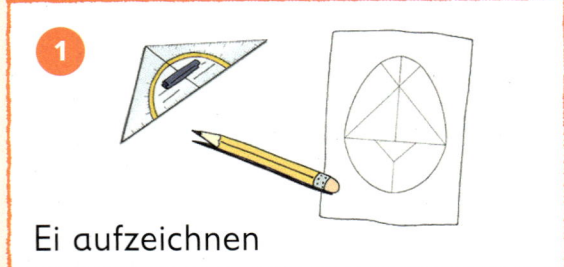

1 Ei aufzeichnen

2 Felder ausmalen

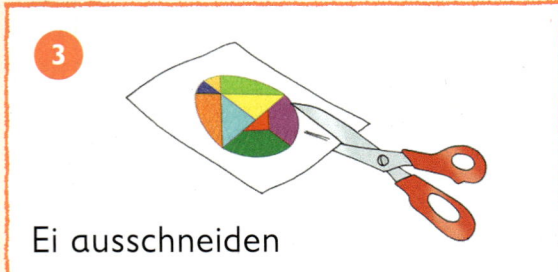

3 Ei ausschneiden

4 ein Tier legen und aufkleben

 Gestaltet ein Ei-Tangram und verschenkt es!
Ihr könnt auch eine Karte damit bekleben!

Der Natur auf der Spur

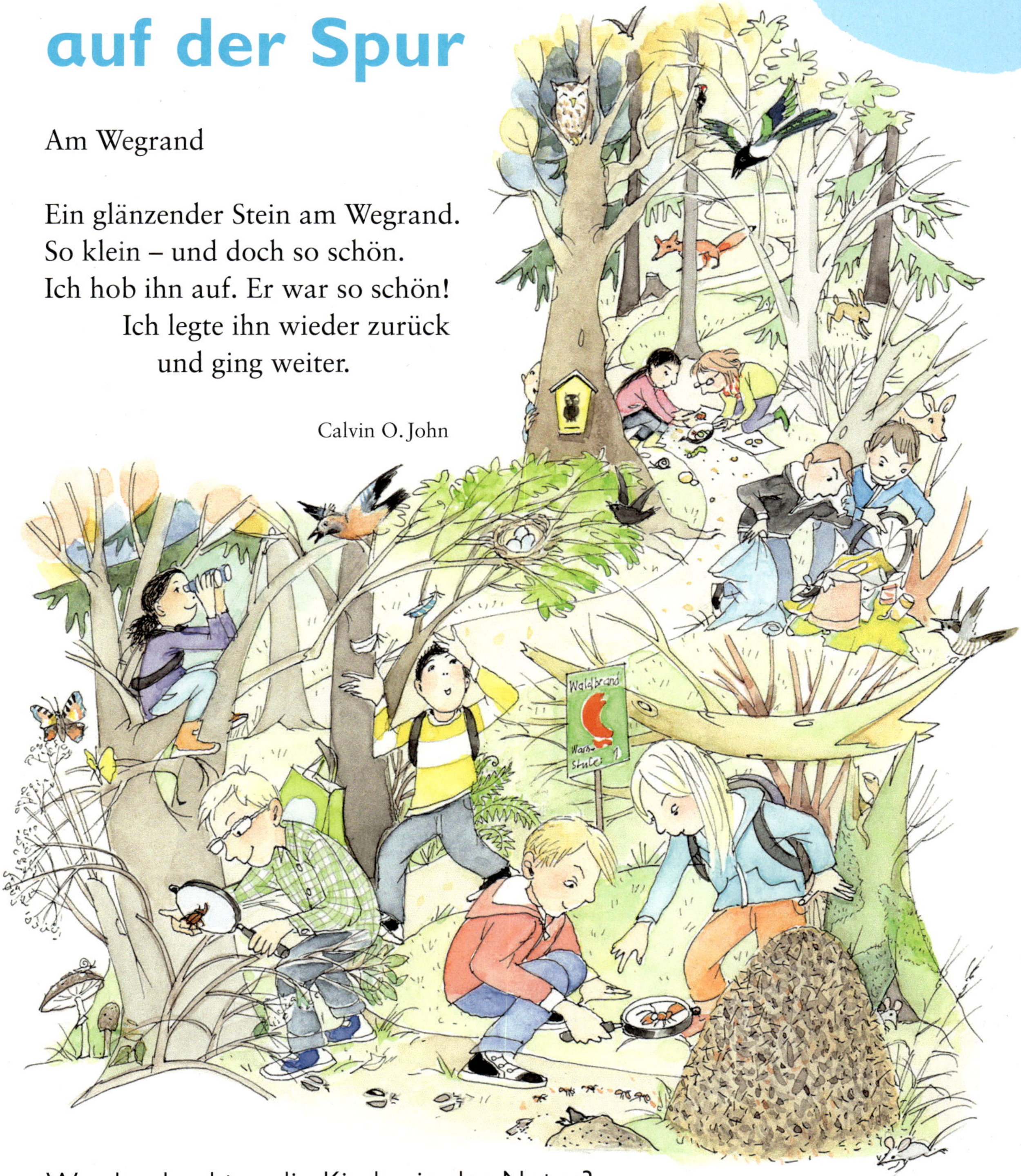

Am Wegrand

Ein glänzender Stein am Wegrand.
So klein – und doch so schön.
Ich hob ihn auf. Er war so schön!
Ich legte ihn wieder zurück
und ging weiter.

Calvin O. John

Was beobachten die Kinder in der Natur?
Entdeckst du noch etwas anderes?
Was findest du in der Natur besonders schön?

Standpunkte

1 Lies das Gedicht!

Standpunkte

Die Kaulquappe schwänzelt im Teich herum
und weiß alles besser.
Vor allem die Frösche findet sie dumm,
die Fliegenfresser.

„Wenn ich seh, wie sie hopsen, da kann ich nur lachen.
An Land ist es öde.
Und wenn sie verliebt sind und Quellaugen machen!
Mir wär das zu blöde.

Das Komischste find ich, im Chor zu koaxen.
Da bin ich gescheiter."
„Auch dir", sprach der Frosch, „werden Beine wachsen,
dann reden wir weiter."

Michael Ende

2 Wie findet die Kaulquappe Frösche?
Lest die erste und zweite Strophe genau!

3 Was sagt der Frosch?
Lest die letzte Zeile!

4 Was meint der Frosch damit?

5 Was denkt ihr über die Kaulquappe und den Frosch?
Begründet eure Meinung!

Ich denke, die Kaulquappe hat recht, weil …

Ich bin anderer Meinung, weil …

Ich denke, dass …

die Meinung anderer in eigenen Worten wiedergeben;
eine eigene Meinung finden und begründen

Dafür oder dagegen?

1 Lies das Gespräch!

2 Welches Kind ist für den Vorschlag der Mutter, welches ist dagegen?
Ordne die Argumente in eine Tabelle!
Du kannst auch Stichpunkte schreiben.

Pro (dafür)	Kontra (dagegen)

Ein Argument ist die Begründung für eine Meinung.

3 Was denkst du über den Vorschlag der Mutter?
Begründe deine Meinung!

4 Wähle ein Thema!
Schreibe Argumente dafür und dagegen in einer Tabelle auf!

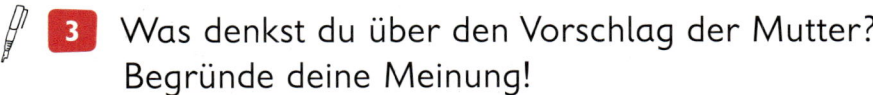

Glasflaschen sind besser als Plastikflaschen.

Kaugummi in der Hecke   Mülltrennung spart Geld.

Natur entdecken

1 Lies die Fragen und ordne die richtigen Antworten zu!

Wer lockert die Erde auf?   das Eichhörnchen

Was lässt die Pflanzen wachsen?   das Wasser des Bodens

Wer lebt in einer Eiche?   ein Regenwurm

Was schützt die Pflanzen im Winter?   der Schnee

2 Schreibe die Fragen ab und beantworte sie in ganzen Sätzen!
Unterstreiche, was erfragt wurde!
Wer lockert die Erde auf? Ein Regenwurm lockert die Erde auf.
Was ...

3 Erfragt die farbigen Satzglieder mit **Wer oder was?**.
Schreibt Frage und Antwort auf!

Max sitzt mit seiner Angel im Boot. Er sitzt ganz still.

Sein Boot schaukelt leicht im Wind.

Neugierig schwimmt ein Schwan heran.

Kleine Enten schnattern aufgeregt.

Ein Fröschlein quakt am Ufer.

4 Findet selbst Fragen mit **Wer oder was?** aus dem Bereich
der Natur! Spielt das Quiz mit einem Partner!

Das **Subjekt (der Satzgegenstand)** ist das Satzglied,   **MERKE DIR**
das auf die Frage **Wer oder was?** antwortet.
Wer oder was lockert die Erde auf? – **ein Regenwurm**
Wer oder was schützt die Pflanzen im Winter? – **der Schnee**

5 Setze die Verbformen **verwende**, **verwendest**, **verwendet**
und **verwenden** als Prädikate passend ein!
Unterstreiche das Subjekt, kreise das Prädikat ein!
Schreibe so: *Ich (verwende) immer einen Stoffbeutel.*

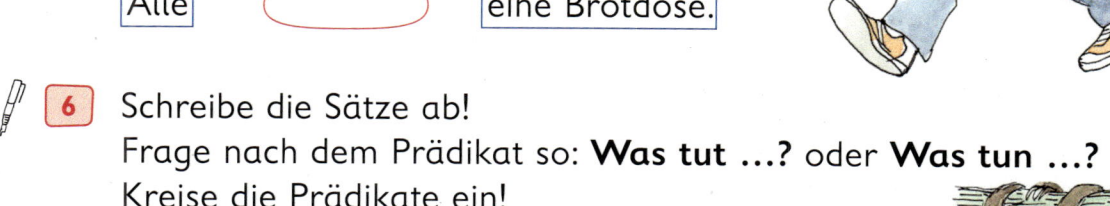

Subjekt	Prädikat	
Ich		immer einen Stoffbeutel.
Du		Glasflaschen.
Anja		zu viel Papier!
Alle		eine Brotdose.

6 Schreibe die Sätze ab!
Frage nach dem Prädikat so: **Was tut …?** oder **Was tun …?**
Kreise die Prädikate ein!

Das Faultier schläft meistens.
Ab und zu greifen die langen Arme nach einem Blatt.
Das Faultier kriecht langsamer als eine Schnecke.

7 Was passt zusammen? Schreibe vier Sätze so auf:
Ich (gehe) jeden Tag zum Storchennest.

gehe | jeden Tag zum Storchennest. | Ich

Die Jungstörche | magst | viel Futter. | fliegen

brauchen | doch auch Störche, oder? | Sie

Du | bald aus dem Nest.

Das Subjekt und das Prädikat bilden den **Satzkern.** **MERKE DIR**
Sie **müssen zusammenpassen:**
Ich gehe … **Du** ma**gst** … **Sie** flieg**en** …

Stichpunkte aufschreiben

So lernst du, Stichpunkte zu erstellen.

1 **Lies den Text zuerst genau!**
Überlege: Welche Informationen findest du wichtig?

Stieleichen können 400 bis 1000 Jahre alt werden.
Sie erreichen eine Höhe von bis zu 40 Metern.

2 **Finde wichtige Informationen!**

Stieleichen können 400 bis 1000 Jahre alt werden.
Sie erreichen eine Höhe von bis zu 40 Metern.

3 **Schreibe Stichpunkte auf!**
1. Arbeite **Satz für Satz**.
2. Entscheide in jedem Satz,
   welche Information am wichtigsten ist.
3. Schreibe eine **Wortgruppe oder einzelne Wörter** auf.
4. Nutze **Gedankenstriche**.
5. Prüfe, ob du mit deinen Stichpunkten
   den **Inhalt des Textes wiedergeben** kannst.

> – Stieleiche
> – 400 bis
>   1000 Jahre alt
> – bis zu 40 Meter
>   hoch
> – …

1 Schreibe Stichpunkte zum Sachtext auf.
Nutze die grünen Wörter als Hilfe!

Stieleichen können 400 bis 1000 Jahre alt werden. Sie erreichen
eine Höhe von bis zu 40 Metern. Stieleichen brauchen viel Platz
und Licht für ihre langen, dicken Äste. Man erkennt sie an ihrem
knorrigen Stamm und ihrer dunkelgrauen Rinde. Ihre Blätter haben
eine gewellte Form. Die Früchte der Eiche sind die Eicheln.
Eichenholz wird zur Herstellung von Möbeln genutzt.

2 Trage den Text mithilfe deiner Stichpunkte einem Partnerkind vor!

Mit Stichpunkten einen Vortrag halten

Für einen Vortrag **sammelst du** zuerst **Informationen** zu deinem Thema. **Schreibe** alle wichtigen **Informationen in Stichpunkten** auf. Sie helfen dir, den Vortrag zu halten und dabei frei zu sprechen.

1 Bereite einen Vortrag vor und halte ihn vor der Klasse! Nutze dazu die Stichpunkte.

1 Schau auf den Zettel mit den Stichpunkten! **Bilde** aus den Stichpunkten mündlich **Sätze**!

2 **Übe** deinen Vortrag vor dem Spiegel oder mit einem Partner!

3 **Übe mehrmals**, bis du die Sätze frei zu deinen Stichpunkten sprechen kannst!

4 **Sprich laut, deutlich und langsam!** Schau immer wieder kurz auf deinen Stichwortzettel!

5 **Sammle** passende Bilder oder Gegenstände oder **gestalte** ein Plakat für deinen Vortrag! Notiere auf deinem Stichwortzettel, wann du etwas zeigen willst!

6 **Halte deinen Vortrag!** Nenne das Thema! Schaue die Zuhörer zwischendurch immer wieder an!

Die Sommerlinde
- bis zu 40 m hoch
- bis zu 1000 Jahre alt
- kurzer Stamm
- kräftige Äste
- Blätter: herzförmig, behaart
- Nutzung: Lindenblüten (Hausmittel, Tee)

Wörter mit ä oder äu

1 Schreibe die verwandten Wörter als Paare auf!
Markiere **ä** oder **äu**!
Schreibe so: *aufr<mark>äu</mark>men – der Raum*

aufräumen	kalt
sie erklärt	der Traum
die Kälte	wir bauen
das Gewächs	der Raum
wir träumen	wachsen
das Gebäude	klar

W

älter
ändern
ärgern
aufräumen
die Bäume
erklären
ernähren
sie fährt
das Gebäude
das Gewächs
sie hält
die Kälte
das Rätsel
die Räume
träumen
wählen
wärmer

2 Ergänze und schreibe auf!
Markiere den veränderten Zwielaut!

ein alter Baum – einige B<mark>äu</mark>me
ein großer R… – mehrere R…
ein lustiger Tr… – viele Tr…

3 Bilde mit den Wortgruppen kurze Sätze!
Unterstreiche die Wortstämme der Verben!

in den Wald <u>fahr</u>en – Er <u>fähr</u>t in den Wald.
am Rastplatz <u>anhalt</u>en – Vater h…
Wasser <u>sauf</u>en – Unser Hund s…
ein Stück <u>lauf</u>en – Du l…

Manchmal
wird **a** zu **ä** und
au zu **äu**:
l**au**fen – du l**äu**fst

4 **lang** oder **warm**?
Ergänze immer das passende Adjektiv
in der richtigen Steigerungsstufe!

Im Frühjahr scheint die Sonne *länger* **als** im Winter:
Darum ist es schon etwas … **als** vorher.
Am 20. März ist der Tag **so** … **wie** die Nacht.
Danach werden die Tage … **als** die Nächte.
Der … Tag im Jahr ist der 21. Juni.
Dann ist es manchmal auch **am** …

5 Kennst du die Steigerungsstufen von Adjektiven?

⚀ Welche drei Adjektive gehören zusammen?
Schreibe auf!

Grundstufe	Mehrstufe	Meiststufe
	härter	*am härtesten*

arm   härter   schärfer   am wärmsten   hart

am ältesten   scharf   alt   ärmer   am schärfsten

wärmer   am härtesten   am ärmsten   älter   warm

⚁ Schreibe die Adjektive **hart**, **stark**, **kalt** und **alt**
in allen drei Steigerungsstufen auf!
Unterstreiche die Wortstämme!
hart, härter, am härtesten

⚂ Ergänze die Sätze!
Eine Nuss ist hart, aber ein Stein ist …
Ein Löwe ist stark, aber ein Elefant ist …
Brunnenwasser ist kalt, aber Eis ist …
Tante Ida ist alt, die Oma ist …, aber die Uroma ist am …

6 Finde zu jedem Verb ein verwandtes Wort mit **a** oder **au**!
ändern, aufräumen, ernähren, träumen, wählen

Waldlauf   **ZUM ÜBEN**

⚀ Lisa fährt mit ihrer Mutter in den Wald.
⚁ Sie stellen ihre Räder ab und gehen ein Stück.
⚂ Plötzlich läuft Lisa los und die Mutter rennt hinterher.
⚃ Mit wenigen Sätzen hat die Mutter Lisa eingeholt.
⚄ Sie ist eine gute Läuferin.
⚅ Lisa hält aber kräftig mit und lässt sich nicht abhängen.

In der Natur entspannen

Sucht euch einen schönen Platz unter einem Baum! Verhaltet euch eine Weile mäuschenstill! Was könnt ihr sehen und hören, riechen und fühlen?

> Wer mäuschenstill am Bache sitzt, kann hören, wie ein Fischlein flitzt.

> Wer mäuschenstill im Grase liegt, kann hören, wie ein Falter fliegt.

Der Text	Die Bewegungen
Der Baum	• *fest auf dem Boden stehen*
Wenn ein Baum durstig ist, lässt er seine Äste hängen.	• *in den Knien federn* • *Arme hängen lassen*
Wenn ein Baum durstig ist, sucht er mit seinen Wurzeln nach Wasser.	• *mit den Füßen in den Boden bohren*
Im dicken Stamm steigt das Wasser bis ganz nach oben.	• *mit den Händen den Körper von den Füßen bis zum Kopf entlangstreichen*
Das Wasser strömt in alle Äste.	• *Arme recken und strecken*
Der Baum atmet froh die frische Luft.	• *tief ein- und ausatmen*
Der Baum bewegt sich leicht im frischen Wind.	• *sich sanft hin- und herwiegen*

 Führt eine Entspannungsübung durch! Ihr könnt dazu auch leise Musik spielen lassen.

Wusstest du schon?

beliebig oft wiederholen		Schluss
: —— —— :		—— ——
Maus- klick,	:	Tref- fer!
Such-ma- schi- ne,	:	Tref- fer!

Wie informierst du dich?
Wo kann man sich informieren?

Das kann ich mit einem Computer machen

1 Lies die Sprechblasen!

Jetzt können wir Geschichten ausdrucken.

Ein Computer für 28 Kinder?

Welche Programme hat er?

Sind auch Computerspiele drauf?

Können wir ins Internet?

Wir brauchen Regeln!

anfragen
anhören
anklicken
ansehen
antworten
brennen
chatten
einscannen
gestalten
herunterladen
informieren
kopieren
schreiben
sortieren
speichern
suchen
surfen
überarbeiten
zeigen

2 Was kann man mit einem Computer machen? Nutzt die Sammelwörter!

 3 So kannst du im Internet Informationen suchen. Ordne die Schritte in die richtige Reihenfolge!

❓ Ich lese die Überschrift und den ersten Absatz des Treffers und prüfe so, ob die Informationen zu meinem Thema passen.

❓ Ich tippe auf ENTER und lasse suchen.

❓ Ich entscheide mich für eine Suchmaschine.

❓ Ich trage einen Suchbegriff in die Suchleiste ein.

❓ Ich tippe die Internetadresse der Suchmaschine in die Adresszeile ein.

❓ Ich wähle aus der Liste der Treffer ein Suchergebnis aus.

http://fragfi

Vorwissen austauschen; Handlungsanweisung ordnen   **AH** S.58

4 Lies, wie Alina einen Vortrag vorbereitet.
Setze die zusammengesetzten Verben als Prädikat ein!

aussuchen   Alina (sucht) eine geeignete Suchmaschine (aus).

eintragen   Nun (   ) sie **Höhle** und **Sachsen** in die Suchleiste (   ).

anklicken   Zuerst (   ) Alina passende Treffer (   ).

durchlesen   Dann (   ) sie sich die ausgewählten Seiten (   ).

auswählen   Sie (   ) die wichtigen Informationen (   ).

aufschreiben Jetzt (   ) sie sich Stichpunkte (   ).

ausdrucken   Zum Schluss (   ) Alina ihren Stichpunktzettel (   ).

5 Schreibe die Sätze auf!
Kreise die beiden Teile
der Prädikate ein!

klicken
an
an

Schau dir
das an!

Ja! Prädikate
können auch zwei
Teile **haben**.

6 Alina erklärt einem Freund, wie man
im Internet Informationen sucht.
Vergleiche die Prädikate mit denen
in Aufgabe 4! Was stellst du fest?

Höhle Sachsen

„Du (musst) eine Suchmaschine (aussuchen).
Dann (kannst) du die passenden Suchbegriffe (eintragen)."

7 Bilde Sätze mit zwei Verben als Prädikat!
Schreibe so: *Du (kannst) einen Treffer (anklicken).*

kannst   darfst   sollst   musst

aussuchen   eintragen   durchlesen   auswählen

aufschreiben   ausdrucken

Ausflugziele in Mitteldeutschland

Schauhöhlen

1 Lest die Tabelle!
Vergleicht die Höhlen!
Schreibt so:
Die ... ist ....
Die ... ist länger als ....
Die ... ist am längsten.

Spalte

Name	Ort	Bundesland	Gang-länge	Ent-deckungs-jahr	← Tabellen-kopf
Syrauer Drachenhöhle	Syrau	Sachsen	350 m	1928	
Baumannshöhle	Rübeland	Sachsen-Anhalt	600 m	1536	← Zeile
Hermannshöhle	Rübeland	Sachsen-Anhalt	800 m	1866	
Marienglashöhle	Friedrichroda	Thüringen	122 m	1784	
Altensteiner Höhle	Schweina	Thüringen	280 m	1799	
Barbarossahöhle	Rottleben	Thüringen	600 m	1865	

2 Überlegt, wie ihr die Höhlen noch vergleichen könnt!

Bob- und Rodelbahnen

3 Lies den Text.
Schreibe die Informationen in eine Tabelle.
Du brauchst 3 Spalten:

Name	...	...

In Mitteldeutschland gibt es viele Bob- und Rodelbahnen.
Die Sommerrodelbahn in Kohren-Sahlis ist 527 m lang und hat
7 Kurven. Hingegen hat die Rennrodelbahn in Schierke mit ihren 350 m
Länge nur 5 Kurven. Die kürzeste Rodelbahn findet man in Bautzen.
Sie ist nur 260 m lang, hat aber 6 Kurven. Eine Rennschlittenbahn
mit 8 Kurven und einer Länge von 430 m befindet sich in Ilmenau.

Tierische Rekorde

 1 Lest die Schaubilder!
Was erfahrt ihr über die Stärke der Tiere? Tauscht euch aus.

2 Lest das Diagramm.
Welches Tier ist der beste Springer?

0,6 m

2 m

15 m

3 Lies die Informationen.
Zeichne ein Diagramm wie in Aufgabe 2
oder überlege dir ein eigenes Schaubild.

Die Lautstärke
wird in Dezibel (dB)
gemessen!

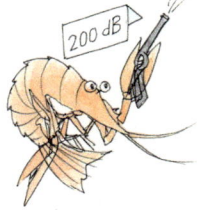

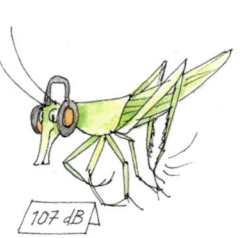

Einen Text am Computer bearbeiten

Am Computer kannst du Texte wie diese Einladung schreiben.

> Montag, 12. Mai
> Lieber Karam, ich feiere am Freitag meinen Geburtstag und lade dich herzlich ein. ==Bitte komm nicht ohne gute Laune.== Wir wollen mit der Bahn zu der Höhle am See fahren. Wir treffen uns um 15.00 Uhr bei mir und sind ungefähr um 19.00 Uhr wieder zurück. Deine Maria

So kannst du einen geschriebenen Text oder Textteile bearbeiten:

1 **Beginne eine neue Zeile!** Drücke die „Return"-Taste.	**2** **Markiere und verschiebe Textteile!** Halte die Maustaste gedrückt. Ziehe den Mauszeiger über den Text. Ziehe den markierten Text mit gedrückter Maustaste an die richtige Stelle.
3 **Richte Text aus!** links, rechts, in der Mitte oder Blocksatz	**4** **Kopiere Text!** Markiere den Text. Tippe dann gleichzeitig auf die Tasten `Strg` + `C`. Klicke mit dem Mauszeiger auf die gewünschte Stelle, tippe jetzt auf `Strg` + `V`.

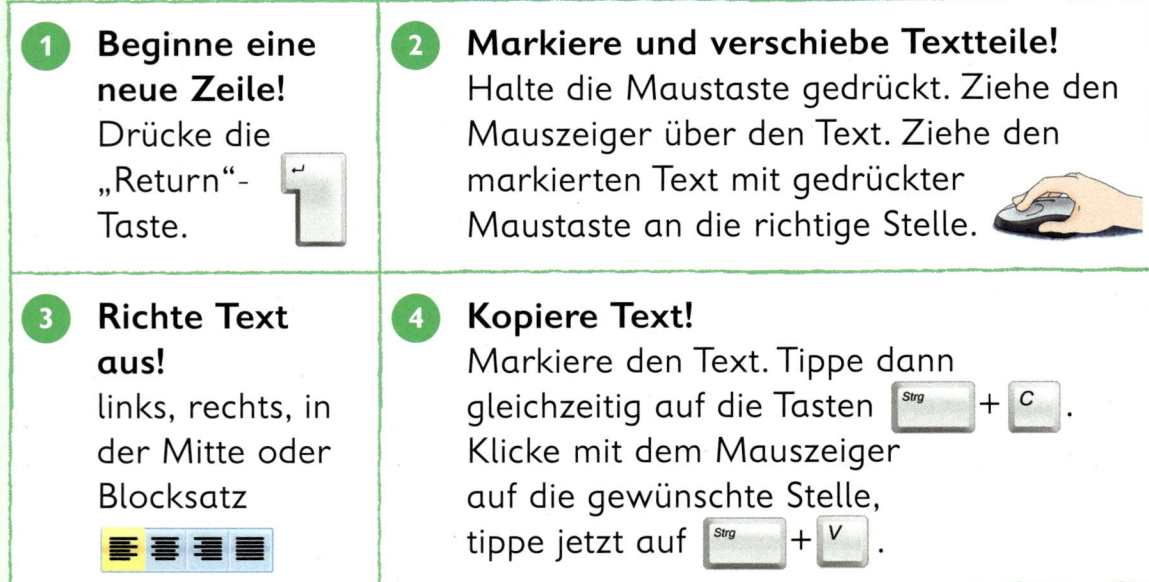

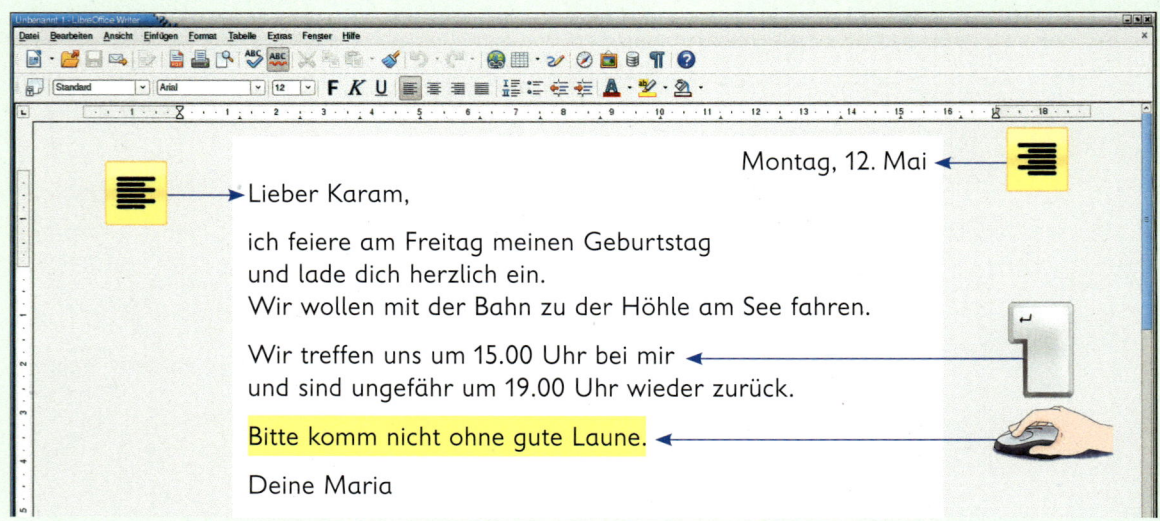

elementare Bedienhandlungen der Textbearbeitung am Computer kennen lernen

Einen Text am Computer gestalten

So kannst du einen Text gestalten:

1 **Ändere die Schrift!**
Wähle die Schriftart, die Schriftgröße oder die Schriftfarbe.
Formatiere Wörter **fett** oder *kursiv* oder <u>unterstreiche</u> sie.

Schriftart   Format   Schriftgröße   Farbe

Arial ▼ | 10 ▼ | A A̱ | Aa ▼ | Aa

F *K* <u>U</u> ▼ | a̶b̶c̶ | X₂ | X² | A | ab ▼ | A̲ ▼

2 **Gestalte den Text!**
Mit diesen Zeichen kannst du Muster machen:

+ → [* + ~]

* → [⇧] + [* + ~]

~ → [Alt Gr] + [* + ~]

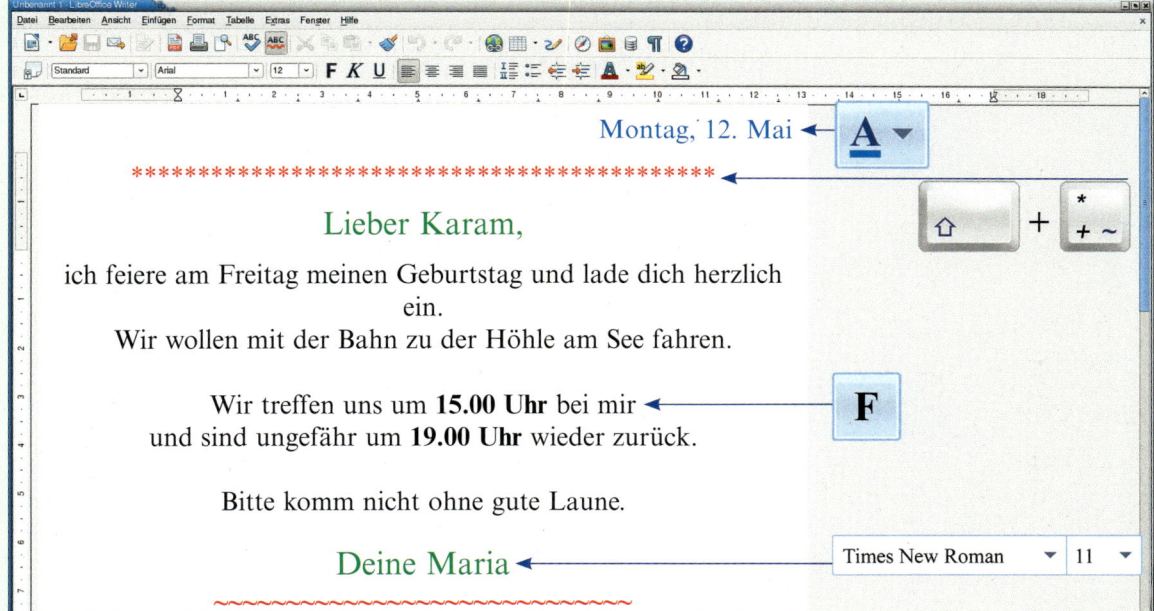

1 Schreibe und gestalte einen Text am Computer!
Verziere den Text mit eigenen Mustern!

2 Erkläre, wie Maria weitere Einladungen am Computer erstellen kann!

Blaue Seiten

Wörter mit hl, hm, hn, hr

W

1 Ergänze mit dem passenden Wort
aus der Wörterleiste!

1 Die … fährt schneller als ein Fahrrad.
2 Wir … eine Geschichte.
3 Wer lügt, ist nicht …
4 In der … ist es kühl.
5 Die Kinder … das Eis ohne Sahne.

2 Ordne die Wörter in der Wörterleiste!

hl	hm	hn	hr
hohl	…	…	…

3 Suche zu den Substantiven verwandte Adjektive
in der Wörterleiste!
Schreibe die Wortpaare auf!
Ähnlichkeit – …

Ähnlichkeit, Kühlschrank, Ehrlichkeit, Höhle

Wörterleiste:

ähnlich
die Bahn
belohnen
ehrlich
erzählen
der Fehler
führen
die Gefahr
hohl
die Höhle
kühl
die Lehrerin
mehr
nehmen
ohne
rühren
wählen

4 Ergänze die Wortstämme und markiere sie.

kühlen	**wählen**	**führen**
die Kühlung	die Wählerin	der Anführer
k…bar	die W…	die F…ung
der K…schrank	der W…zettel	die Auf…ung
sich ver…en	w…bar	mit…

> Mit dem **Fahr**rad
> ist es manchmal
> ge**fähr**lich.

5 Welche Bahnen gibt es?
Schreibe zusammengesetzte Substantive!
Schreibe so: *die Rutschbahn, …*

*rutschen, Eisen, schnell, hoch, Eis, Bob,
rodeln, Straßen, bummeln*

> Der Wortstamm
> hilft dir beim Schreiben
> verwandter Wörter.
> Manchmal verändert
> er sich.

Wörter mit hl, hm, hn, hr richtig schreiben mithilfe verwandter Wörter;
Wiederholung Wortstamm; Komposita bilden

6 Ergänze passende Adjektive aus der Wörterleiste!

ein … Finder, eine … Hose,
eine … Figur, eine … Brise

7 Finde zusammengesetzte Substantive,
in denen **Lehrerin** das Grundwort ist! Schreibe so:
Unsere Deutschlehrerin besucht mit uns ein Museum.

Musik
Mathematik
Deutsch
Sport

Lehrerin

8 Welche Wörter aus der Wörterleiste stehen hier in Geheimschrift?

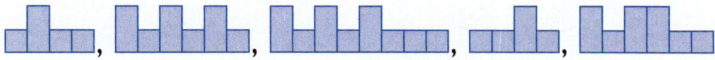

9 Welche Fehler kann man machen?
Schreibe so: *schreiben – der Schreibfehler*

schreiben, rechnen, lesen, messen, fahren, zählen

10 **wahr** oder **war**?
Setze richtig ein und begründe!

Die Geschichte ist …
Die Geschichte … spannend.

Eine Lüge ist nicht …
Ein Lügner … nicht ehrlich.
Ist es …, dass Paul in Afrika …?

Wie die ersten Menschen lebten
In der Frühzeit / wohnten die Menschen / in Höhlen.
Diese waren im Sommer kühl / und im Winter warm.
Sie lebten / mehr mit der Natur.
Ihre Werkzeuge / waren sehr einfach.
Am Feuer / erzählten sie sich Geschichten.
Ohne ihre Waffen / lebten sie in großer Gefahr.

ZUM ÜBEN

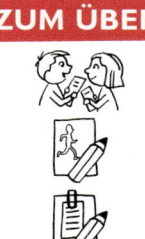

Adjektive sinnentsprechend zuordnen; Wortumrisse erkennen; Wortbedeutung zur richtigen
Schreibung nutzen; Partner-, Lauf- und Klappdiktat zum Üben nutzen

AH S. 63

99

Ein Wissens-Domino herstellen

1

Du brauchst:
- Stift
- Schere
- vier Blätter Tonkarton oder festes Papier
- Nachschlagewerke, Zeitschriften oder das Internet

2

Falte ein Blatt in der Mitte und klappe es wieder auf!

3

Falte den oberen und unteren Teil bis zur Mittellinie und klappe ihn wieder auf!

4

Schneide das Blatt an den Faltlinien auseinander!

5

Halbiere jeden Papierstreifen durch einen Längsstrich!

6
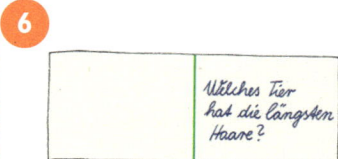

Nimm einen Papierstreifen! Lass das linke Feld frei! Schreibe in das rechte Feld eine Wissens-Frage!

7

Nimm einen neuen Papierstreifen! Schreibe in das linke Feld die passende Antwort! Schreibe in das rechte Feld eine neue Frage!

8

Wiederhole Schritt **7**, bis die Papierstreifen aufgebraucht sind!

9

Schreibe zum Schluss die Antwort auf die letzte Frage in das linke Feld der ersten Streifens!

 Spielt das Domino-Spiel.
Legt vorher gemeinsam die Regeln fest.

Fragen und Antworten zu einem Fachgebiet verschriftlichen; gemeinsam ein Spiel basteln und spielen

Mit Tieren leben

Opa hat 'nen Bauernhof,
hihahihaho.
Da leben viele Kühe drauf,
hihahihaho.
Es macht muhmuh hier,
es macht muhmuh da.
Hier muh, da muh,
muh überall.

Sprich zu dem Bild!
Welche Tiere kennst du?
Erzähle, was du über sie weißt!

Von Pferden und anderen Tieren

1 Lies den Text!

Susann darf für zwei Wochen ein Pferd pflegen.
In der Schule hält sie darüber einen Vortrag vor der Klasse:

„Mein Hali ist ein besonderes Pferd. Es ist ein Haflinger.
Diese Pferde kommen aus den Bergen.

Hali hat ein rötlich braunes Fell.
Er ist schlau und brav.
Seine Mähne und sein Schweif sind hell.
Mein Hali ist klein, aber kräftig.
Wenn ich von der Schule komme,
hole ich Hali von der Wiese.

Zuerst striegele ich ihn mit der Pferdebürste und kämme seine Mähne.
Dann muss ich ihm auch die Hufe auskratzen
und den Stall sauber machen.
Mein Haflinger frisst Hafer und Heu. Er braucht auch viel Wasser.
Hali schläft im Stehen.
Mein Pferd kann viel tragen und sogar einen Wagen ziehen.“

Für ihren Vortrag hat sich Susann
Stichpunkte notiert.

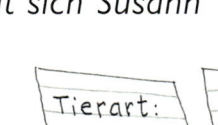

2 Welche Stichpunkte könnte Susann für ihren
Vortrag aufgeschrieben haben? Ergänze sie!

3 Bereite einen Vortrag über ein Tier vor!
Notiere dir Stichpunkte!

4 Übe, deinen Vortrag vor einem Partner frei zu sprechen!

5 Suche für den Vortrag passende Bilder oder gestalte ein Plakat!

Stichpunkte geordnet zu einem Text notieren und für einen Vortrag nutzen   AH S.64

6 Welche Verben passen zu einem **Pferd**,
welche zu einem **Hund** und welche zu einem **Vogel**?

*wiehern, bellen, fliegen, zwitschern, fressen, saufen
galoppieren, beißen, brüten, springen, knurren*

Schreibe auf: *Das Pferd wiehert, galoppiert, …
Der Hund …, …*

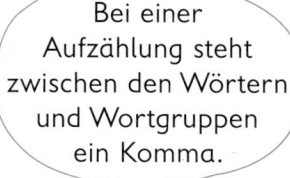

Bei einer Aufzählung steht zwischen den Wörtern und Wortgruppen ein Komma.

7 Ergänze die Begleitsätze und setze
die Satzzeichen der wörtlichen Rede!

Die Kinder sollen eine Wiese mit einem grasenden Pferd
malen. Nach einiger Zeit gibt Alex ein leeres Blatt ab.
Die Lehrerin …: Wo ist denn hier die Wiese?
Alex …: Das Pferd hat das Gras schon aufgefressen.
Frau Müller …: Aber ich sehe doch gar kein Pferd.
Alex …: Das ist auf eine andere Wiese gegangen,
auf der es noch Gras gibt.

sagen
erklären
antworten
fragen
entgegnen

8 Erzählt euch „tierische Witze"!

⚀ Übe den Witz von Aufgabe 7 und erzähle ihn vor der Klasse!

⚁ Finde einen anderen Witz und trage ihn vor!

⚂ Erzähle einen tierischen Witz möglichst frei und ausdrucksvoll!

9 Welche Wörter aus dem Kasten gehören zum Wort **sagen**
und welche zum Wort **sehen**? Ordne richtig zu!

betrachten	gucken	entgegnen	starren	reden
beobachten	antworten	meinen	äußern	schauen
sprechen	blicken	fragen	erspähen	

Vogel entflogen!

1 Lies Sinas Suchanzeige. Was fehlt?

> Mein Vogel ist weggeflogen. Bitte bringt ihn mir zurück. Es gibt auch eine Belohnung. Sina

Geht das so?

2 Welche Angaben sind für eine Suchanzeige wichtig?

- ist ein Wellensittich
- ist hellblau gefiedert
- ist ganz niedlich
- frisst gern Salat
- hat 10 Euro gekostet
- spricht deutsch
- kann sagen, wo er wohnt
- hört auf den Namen Bubi

- kann gut sprechen
- Telefonnummer
- Finder erhält gute Belohnung
- will immer frei fliegen
- schläft auf einem Bein
- bitte abgeben bei Sina Schulz, Tannenwalde, Gartenstraße 6

 3 Verbessere die Suchanzeige von Aufgabe 1!
Orientiere dich an den Fragen
und deren Reihenfolge!

> Welches Tier?
> Wie sieht es aus?
> Welche Besonderheiten hat es?
> Wann und wo wurde das Tier zuletzt gesehen?
> Wo kann man sich melden?

 4 Ist es sinnvoll, bei einer Suchanzeige die vollständige Adresse
zu nennen? Sammelt Argumente dafür und dagegen!

eine Suchanzeige überprüfen und überarbeiten; Begriff: Suchanzeige;
Leitfragen für eine Suchanzeige kennen lernen

Seltsame Tiere!

1 Bildet Spaßsätze und lest sie vor!

| die Affen | in der Luft | viele Schnecken |

(fliegen) (schwimmen) | bunte Fische |

| Vögel | | von Baum zu Baum | (kriechen)

| in unserem Gartenteich | (springen)

| mit einem Häuschen auf dem Rücken |

2 Schreibe nun sinnvolle Sätze auf!
Unterstreiche das Subjekt, kreise das Prädikat ein!
Die Affen (springen) von Baum zu Baum.

3 Schreibe die Satzkerne der Sätze auf!
Die Affen springen. …

4 Erfragt in jedem Satz das Subjekt!

In Südamerika lebt ein seltsamer Vogel.
Dieser Vogel heißt Hoatzin.
Er ähnelt einem Urzeitvogel.
Den Vogeljungen wachsen Klauen
an den Flügeln. Bei Gefahr halten
sie sich damit an den Zweigen fest.

5 Sammelt weitere lustige, seltsame oder interessante Informationen
aus der Welt der Tiere!

6 Schreibt einen kleinen Text wie in Aufgabe 4!

aus Satzgliedern Sätze bilden; Subjekt und Prädikat identifizieren; Satzkerne aufschreiben;
das Subjekt durch Frageprobe ermitteln

Wörter mit ie

W

der Brief
frieren
kriechen
liegen
niemals
niemand
das Papier
riechen
schieben
schief
tief
verbieten
verlieren
vielleicht
wiegen
ziehen
das Ziel

1 Welche Tiere mit **ie** sind gemeint?

Es fängt mit **B** an,
hat fünf Buchstaben und ist fleißig.

Es fängt mit **F** an,
hat sechs Buchstaben und ist lästig.

Es fängt mit **Z** an,
hat fünf Buchstaben und meckert.

2 Ergänze die Reimwörter!

fliegen	spielen	riechen
l…	z…	kr…
w…		

schief	vier
t…	h…

Wörter mit
langem i-Laut
werden meist mit **ie**
geschrieben.

3 Ergänze **ziehen, anziehen, ausziehen, überziehen!**
Verwende jedes Wort nur einmal:
den Wagen …, die Strümpfe …,
die Jacke …, die Schuhe …

4 Setze die Wörter sinnvoll in die Lücken ein!
verbieten, niemand, niemals, hier

Die Mutter … mir zu lügen. Sonst glaubt mir vielleicht … mehr.
Sollte ich wirklich … lügen? Welche Meinung hast du …?

5 Bilde aus den Verben und den Wortbausteinen
vier sinnvolle Wörter!

er-	ver-		**frieren**
vor-	aus-	ein-	**schieben**

Wörter mit ie: Regelhaftigkeit der Schreibung mit ie erkennen; Reimwörter finden;
Verwendung in Sinnzusammenhängen, auch bei Verben mit Präfix

 6 Wo findest du im Wörterverzeichnis die meisten Stichwörter?
Bei **lie**, **nie**, **rie** oder **zie**?

7 Schreibe die Sätze richtig auf!

Das Pferd liegt auf der Eisscholle.
Der Hund kommt in den Briefkasten.
Der Eisbär riecht seinen Herrn.
Der Brief liefert uns Wolle.
Das Schaf zieht den Wagen.

8 Wie heißen die verwandten Verben zu
Spiel, Ziel, Verlierer, Wiege, Sieg, Sieb, Schieber?
Markiere immer den Wortstamm!
das Spiel – spielen, …

9 Was ist **schief**, was ist **tief**?
der See, der Turm, der Strich, die Grube, der Zaun
Wähle aus und schreibe die Antworten auf!

10 Wie geht es weiter? Ergänze die Sätze!

Wer siegt, ist ein Sieger oder eine Siegerin.
Wer spielt, ist …
Wer verliert, ist …

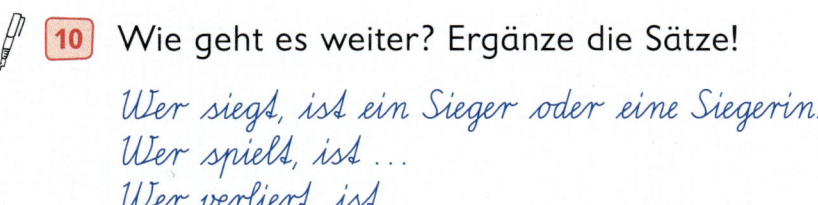

11 Hier haben sich drei schwarze Schafe versteckt.
Schreibe nur die Wörter mit **ie** auf!

das Z▢l, der Br▢f, das B▢ld, fr▢ren, s▢ngen, f▢nden, t▢f

Im Tierpark / sind heute die Bären / unser Ziel.   **ZUM ÜBEN**
Sie haben ein dickes Fell / und frieren niemals.
Marie verliert / ein Stück Papier. / Es fliegt tief
in das Gehege. / Ein alter Bär zieht das Papier / zu sich heran. /
Er schiebt es hin und her. / Dann riecht er daran und brummt.
Ist das hier vielleicht / ein Brief an Vater Bär?

Tierspiele

Reimspiel

Es war einmal ein Elefant,
die war schon lange in Rente.

Es war einmal eine Ente,
die schlief fest in einer Wiege.

Es war einmal eine Ziege,
das saß auf einem Herd.

Es war einmal ein Pferd,
das war sauber und rein.

Es war einmal ein Schwein,
der war im ganzen Land bekannt.

 Findet weitere Sätze mit Reimpaaren für ein Spiel!

Tiere raten

 Probiert das Spiel in der Gruppe aus!
Überlegt euch dazu Regeln!

gemeinsam ein Reimspiel erstellen; ein Spiel spielen

Bücher, Bücher …

Ein Haufen toter Buchstaben?
Nein, ein Sack voller Samenkörner!

nach André Gide

Passt der Text zum Bild?
Sprecht darüber
und begründet eure Meinung!

Bücher früher und heute

1 Lies den Text! Kläre unbekannte Wörter!

Ⓐ In manchen Museen kann man sehr alte Bücher sehen. Ihre Bucheinbände bestehen aus hölzernen Deckeln. Sie werden oft mit Metallschließen zusammengehalten. Die Buchseiten sind prachtvoll gestaltet. Diese Bücher stammen aus dem Mittelalter. Sie wurden von Mönchen mühsam mit der Hand geschrieben. Die Herstellung eines Buches dauerte Jahre. Daher gab es nur sehr wenige, sehr kostbare Bücher.

Ⓑ Durch die Erfindung des Buchdrucks konnte man später viel schneller Bücher herstellen. Die Texte wurden mit beweglichen Bleibuchstaben zusammengestellt. Sie wurden mit Druckerschwärze eingefärbt und danach mit der Druckerpresse auf Papierbögen gedruckt.

Ⓒ Heute werden Texte und auch Bilder für ein Buch direkt in den Computer eingegeben. Sie werden in einer modernen Druckerei gedruckt und zu einem Buch gebunden.

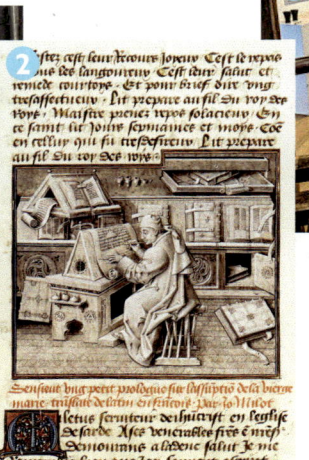

2 Welche Informationen sind für dich neu? Lies sie vor!

3 Ordnet die Bilder den Textabschnitten zu!

4 Finde zu jedem Abschnitt eine Überschrift!

Informationen aus einem Sachtext entnehmen; Textabschnitte Bildern zuordnen;
Zwischenüberschriften finden

5 Setze die passenden Wortbausteine in die Verben ein!

ver-   ent-   er-   be-

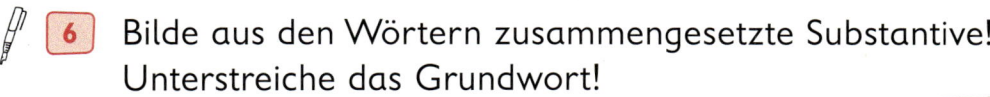

🎲 Paul ...steht, was er gelesen hat.
Paul liest, wie ein Buch ...steht.

🎲 Viele Bücher stehen im Regal.
Wir wissen schon, wie Bücher ...stehen.
Sehr alte Buchdeckel können aus Holz ...stehen.
Wir ...stehen, dass viele alte Bücher sehr kostbar sind.
In einem Buchladen kann man ein Buch ...stehen.

🎲 **Ein Buch selber machen**
Zuerst ... wir geheim, wie wir vorgehen wollen.
Wir wollen anderen noch nichts ...
Unser Buch wird viele Texte über Tiere ...   raten
Alle sollen ein Exemplar ...
Jedes Kind soll ein Tier ...   halten
Kein Kind will sich dabei ...   schreiben

6 Bilde aus den Wörtern zusammengesetzte Substantive!
Unterstreiche das Grundwort!
Schulbücher, Malbücher, ...

Schule   malen   Kinder
       hören   BÜCHER   basteln
Sache   Rätsel   Abenteuer   Wörter
    kochen   Telefon   Märchen

7 Welches Buch aus Aufgabe 6 sieht nicht wie ein Buch aus?
Begründe!

8 Welche zusammengesetzten Substantive rund um das Thema **Buch**
fallen dir ein?
Schreibe sie mit Artikel auf und markiere das Bestimmungswort!
z.B. *der Buchumschlag, die Titelseite, ...*

Einen Text gestalten

1 Nachdem du einen Text vorgeschrieben und die Rechtschreibung kontrolliert hast, kannst du ihn gestalten.
Gestalte den Text nach diesen Arbeitsschritten:

1 **Überlege,** wie du den **Text und ein Bild** auf einer Seite **anordnen** möchtest! **Zeichne** eine **Skizze!**

2 **Überlege, welche Schrift** und **welches Schreibwerkzeug** du verwenden möchtest!

3 **Gestalte** auf der Seite zuerst **die Überschrift!**

4 **Schreibe den Text und füge ein Bild ein!**

Einen Text veröffentlichen

Damit andere deinen Text kennen lernen können, solltest du ihn veröffentlichen. Es gibt verschiedene Möglichkeiten.

1 **Lies** deinen Text gut **vor**!
- Übe den Text vorher!
- Achte auf dein Sprechtempo!
- Mache Pausen!
- Zeichne Pausenstriche!
- Lies laut und deutlich!

> Der Bizakel ||
> Der Bizakel | wird
> bis zu 1m groß |
> und 3m lang. ||
> Er frisst Haare, |
> Papier und ...

2 **Veröffentliche deinen Text als Seite eines Buches!** Beachte das Format der Seite und einen Rand, wenn du sie mit anderen Seiten zu einem Buch zusammenfügen möchtest!

Hochformat   Querformat

3 **Veröffentliche ein Plakat** zu deinem Text!
- Sammle anschauliche Bilder!
- Ordne Textteile und Bilder übersichtlich an!
- Wähle eine große Schrift!

DER BIZAKEL

Der Bizakel wird bis zu 1m groß und 3m lang. Er frisst Haare, Papier und Federtaschen. Die Bizakele kommen aus Südamerika und werden mindestens 100 Jahre alt. Jedes Jahr schlüpfen 3 Bizakelchen aus einem blauen Ei. Sie haben ein kuscheliges Fell und fühlen sich in unserem Wohnzimmer wohl.

4 **Veröffentliche** deinen Text **als Beitrag für eine Schülerzeitung**! Schreibe den Text am Computer! Denke an die Vorgaben der Schülerzeitungs-Redaktion! Achtung! Prüfe, ob du fremde Bilder veröffentlichen darfst!

 1 Berate mit einem anderen Kind, wie du deinen Text veröffentlichen möchtest! Wähle eine Möglichkeit der Veröffentlichung aus!

Ein kleines Buchprojekt

Bücher kann man kaufen, ausleihen, aber auch selber machen.

1 Bildet für euer kleines Buchprojekt eine Projektgruppe
und arbeitet möglichst selbstständig nach folgenden Schritten:

1 Jedes Kind der Projektgruppe schreibt
auf ein Blatt sieben Buchstaben:
immer abwechselnd einen Mitlaut und
einen Selbstlaut, zum Beispiel *Bizakel*.
So heißt nun das Beispiel-Tier.
Jedes Kind überlegt und entscheidet sich:
Passt zu meinem Tier der Artikel
der ..., *die* ... oder *das* ...?

2 Jedes Kind formt
sein Tier aus Knete.

3 Jedes Kind zeichnet sein Tier
in ein Quadrat
von 8 mal 8 cm hinein.
Dann schneidet es die Zeichnung aus.

4 Jedes Kind überlegt, wo sein Tier
leben soll. Dazu kann man
aus alten Katalogen oder Zeitschriften
ein passendes Bild heraussuchen
und die Zeichnung hineinkleben.
Man kann auch einen Hintergrund
zeichnen.

5 Jedes Kind schreibt zu seinem Tier
einen kleinen Text,
zum Beispiel:
- Wie heißt das Tier?
- Wie groß ist es?
- Was frisst es?
- Wo lebt es?
- Wie verhält es sich? …

Vielleicht frisst es
Radiergummis oder
Eierkuchen?

Der Bizakel

Der Bizakel wird bis zu 1m groß
und 3m lang. Er frisst Haare,
Papier und Federtaschen.
Die Bizakele kommen aus
Südamerika und werden mindestens
100 Jahre alt.
Jedes Jahr schlüpfen 3 Bizakelchen
aus einem blauen Ei. Sie haben
ein kuscheliges Fell und fühlen
sich in unserem Wohnzimmer wohl.
Can

6 Bereitet für euer Buch Buchseiten nach diesem Muster vor:

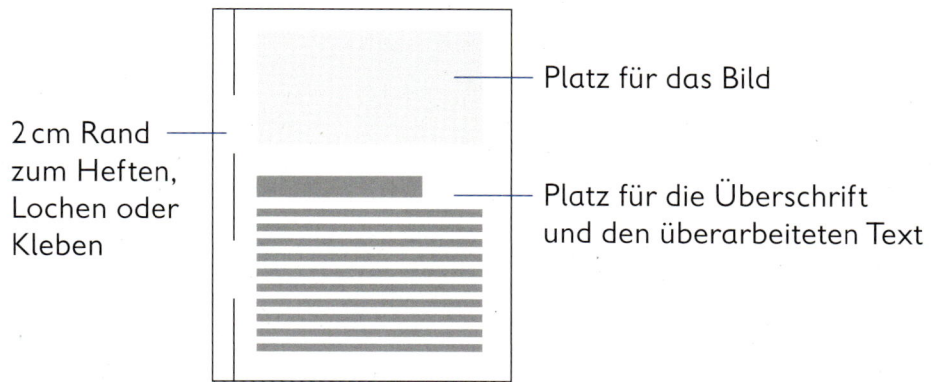

Platz für das Bild

2 cm Rand
zum Heften,
Lochen oder
Kleben

Platz für die Überschrift
und den überarbeiteten Text

Jedes Kind klebt sein Bild und seinen überarbeiteten Text auf.

7 Aus euren einzelnen Seiten
soll nun ein Buch werden.
Überlegt euch dafür eine sinnvolle Reihenfolge
und erfüllt die notwendigen Arbeiten:
- das Buch zusammenbinden,
- die Seiten lochen oder kleben,
- einen Buchtitel finden,
- die Seiten nummerieren,
- den Buchdeckel gestalten, …

8 Sprecht darüber,
wie ihr mit eurer
Gruppenarbeit
und dem Buch
zufrieden seid.

Ich fand gut,
dass …

Beim nächsten Mal
möchte ich gern …

eine Handlungsanleitung für die Bucherstellung verfassen;
über gemeinsame Arbeit reflektieren

AH S.73

Wörter mit ss oder ß

W

	essen
er	isst
sie	aß
	fressen
er	frisst
sie	fraß
	gießen
sie	gießt
er	goss
	lassen
er	lässt
sie	ließ

1 Lies die Wörter in der Wörterleiste
und verwende sie in einem Satz!

2 Ordne die Wörter der Wörterleiste
in eine Tabelle ein! Markiere die langen (_)
und die kurzen Selbstlaute (.)!
Was fällt dir auf?

ss	ß
essen	er aß
er isst …	…
…	…

ss steht nur nach
kurzem Selbstlaut.

ß kann nur nach
einem langen Selbstlaut
oder Zwielaut stehen.
Wörter mit ß muss man
sich merken.

3 Ergänze die Lückensätze
mit Wörtern der Wörterleiste!

Wir … oft gesunde Lebensmittel.
Ein Bücherwurm … gern Bücher.
Gestern … die Leseraupe die vierte Seite des spannenden Buches.
Was … du am liebsten?

4 Verwende **gießen** in der passenden Form als Wortgruppe!

eine Pflanze …
es … in Strömen

5 Finde Wörter mit Zwielauten vor ß in der Wörterleiste!
Markiere die Zwielaute!

6 Schreibe Sätze mit dem Verb **lassen**
und mit den Wortbausteinen ver- und weg- !

Wörter mit ss oder ß: Vokallänge hören und als Strategie für die Rechtschreibung nutzen;
in Sinnzusammenhängen schreiben

7 Lies alle Grundformen der Verben aus der Wörterleiste vor!

8 Arbeite mit den Wörtern der Wörterleiste wie in Aufgabe 2!

ss	ß
sie riss	reißen
...	...

W

reißen
er reißt
sie riss

schließen
er schließt
sie schloss

vergessen
sie vergisst
er vergaß

wissen
er weiß
sie wusste

9 Ergänze in einer Tabelle die fehlenden Formen der Verben!
Markiere die langen (_) und kurzen (.) Selbstlaute!

Grundform	Präsens	Präteritum
essen	...	...
...	er frisst	...
...	...	sie goss
...	er lässt	...
reißen	...	sie riss
...	er schließt	...
...	...	sie vergaß
wissen	...	...

10 Verwende Formen von **reißen**, **schließen**, **vergessen** und **wissen** in Sätzen!

⚀	Die neue Bücherei heißt Leseraupe.
⚁	Lisa wartet draußen auf Ina.
⚂	Ina hat ihre Leserkarte vergessen.
⚃	Jan lässt sich als Leser eintragen.
⚄	Sina begrüßt alle Kinder.
⚅	Frau Bach wünscht allen viel Spaß.

ZUM ÜBEN

Buchprojekt-Ausstellung

Der Bizakel

Das Namisok

Das Muwikon

Der Tosipus

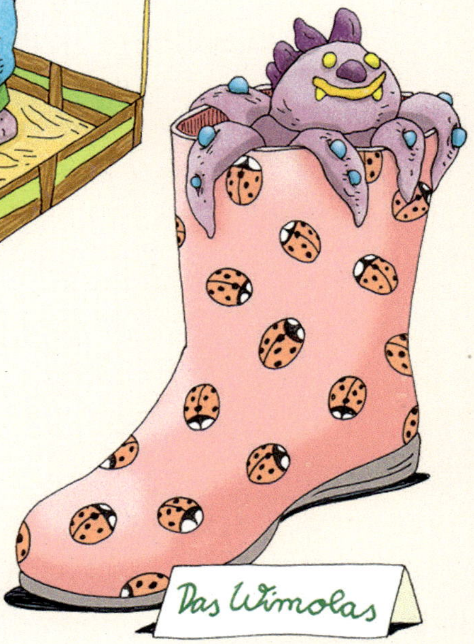

Das Wimolas

Die Rowilas

> Man kann auch einen Text vorlesen und die anderen raten, welches Tier gemeint ist.

⭐ Verwendet die Knete-Tiere aus dem Buchprojekt für eine Ausstellung! Welche Ideen habt ihr dazu?

Im Sommer

Wunschsommer

Unserem Sommer wünsch' ich
einen Platz an der Sonne,
in jedem Stadtviertel ein Schwimmbad,
fünf Eisbuden,
Nachmittage ohne Hausaufgaben,
Feierabend schon um halb drei
für Vater und Mutter,
Lehrer, die ein Auge zudrücken,
wenn man Kaugummi kaut
im Unterricht …
In unserem Sommer wünsch' ich mir
einen Platz an der Sonne!

Jörg Roth

Was wünschen sich die Kinder?
Was wünschst du dir für den Sommer?

Sommerwetter

 1 Beschreibt das Wetter am heutigen Tag!

 2 Gute Aussichten?

 Lies die Wettervorhersage! Nutze die Symbole!

Vergleiche das Wetter an den drei Tagen! Nutze die Symbole!

Vergleiche für Freitag, Samstag und Sonntag jeweils das Wetter morgens, mittags und abens! Nutze die Symbole!

		Freitag	Samstag	Sonntag
☀ sonnig	**morgens**	sonnig	bewölkt	sonnig
⛅ wolkig				
☁ bewölkt	**mittags**	sonnig	wolkig	sonnig
▭ nebelig				
🌧 Regen	**abends**	wolkig	sonnig	Gewitter
⛈ Gewitter				

 3 Aus welchen Substantiven sind diese Adjektive abgeleitet?
wolkig, stürmisch, nebelig, regnerisch,
sonnig, sommerlich
Schreibe so: *wolkig, die Wolke, …*

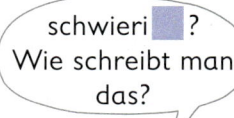
schwieri ☐ ?
Wie schreibt man das?

 4 Finde zu diesen Substantiven passende Adjektive,
die auf **-ig**, **-lich**, **-isch** enden:
die Kraft, die Gefahr, die Hoffnung,
der Abscheu, die Herrlichkeit, der Himmel
die Kraft – kräftig, …

Das ist eine schwierige Frage.

> **MERKE DIR**
>
> Aus manchen Substantiven kann man Adjektive
> ableiten, wenn man die Wortbausteine **-ig**, **-isch** oder **-lich**
> an den Wortstamm anhängt.
> *der Saft – saftig, der Regen – regnerisch, der Sommer – sommerlich*

eine Tabelle mit Symbolen lesen und deuten;
abgeleitete Adjektive mit den Suffixen -ig, -lich und -isch kennen lernen   AH S. 74, 75

Sommerwanderung

1 Lies den Text!

Unsere Wanderung führt
über gefährliche Felsen.
Wir gehen über sandige Wege.
Alle müssen vorsichtig sein!
Alle sind bald hungrig und durstig.
Ist es noch fürchterlich weit?
Am Ziel ist es fantastisch.
Freudig springen wir in den See.

2 Aus welchen Substantiven sind die farbigen Adjektive abgeleitet?
Schreibe so: *gefährlich – die ...*

3 Finde zu den Substantiven verwandte Adjektive
mit **-ig**, **-lich** oder **-isch**!
Unterstreiche den Wortstamm!
Kraft, Schwierigkeit, Angst, Vorsicht, Schule, Schreck, Ehre, Laune
Schreibe so: *die Kraft – kräftig, die Schwierigkeit – ...*

4 Leite aus den Sammelwörtern die Adjektive ab
und setze sie passend ein!

Heute ist ein ... Tag.
... haben wir unsere Wanderung geplant.
Alle freuen sich schon ....
Nur Tim ist etwas ...,
denn seine Schuhe sind ganz ....
Am Ziel ist es ... und alle sind ....

Fleiß
brummen
Schmutz
Herrlichkeit
Riese
Glück
Sonne

Sommergewitter

 1 Schaut euch die Bilder an! Worum geht es?

2 Erzählt einander die Geschichte!
- Beschreibt das Wetter auf den Bildern!
- Erzählt, was zwischen den Bildern passiert!
- Erzählt, wie sich die Kinder
  auf den Bildern fühlen!

3 Schreibe die Geschichte auf!
Nutze die Sammelwörter!
Finde eine passende Überschrift!

4 Erkundige dich, wie man sich
bei einem Gewitter verhalten muss!

früh
neblig
der Feldweg
angenehm
wolkig
die Hütte
der Schutz
prasselnd
heiter
dunkel
hell
der See

eine Geschichte erzählen und schreiben; auf Erzählkriterien achten

Sommerferienwünsche

1 Welche Ferienwünsche haben diese Kinder für ihren Sommer?

2 Stelle dir ein Ferien-Wunschprogramm für eine Woche zusammen!

baden gehen
lange schlafen
lesen
wegfahren
den ganzen Tag …
sich mit … treffen

3 Gebt euch gegenseitig Tipps für die Feriengestaltung!
• Was ist interessant oder spannend?
• Wo erhaltet ihr Informationen?
• Was kostet nichts oder nicht viel?

4 Gestaltet Aushänge mit euren Ferien-Tipps!
Fertigt eine Schautafel an!

Wörter mit aa, ee, oo

W

der Aal
die Beere
das Boot
das Haar
die Haare
der Klee
das Meer
das Moos
 paar
das Paar
der Saal
der Schnee
der See
die Waage
der Zoo

1 Lies den Reim!

Im Winter toben wir gerne im Schnee.
Im Sommer baden wir lieber im See.

2 Dichte auch solche Reimsätze!
Verwende die Reimpaare
Tee – Klee, Aal – Saal, Paar – Haar!

3 Wähle immer ein Substantiv aus der Wörterleiste
und setze es als Brückenwort ein!
*das Wald*boxed*moos – das* boxed*Moos*gummi, …

WALD   GUMMI

                    WELT   SCHWEINCHEN

STAU   STERN

                    FRÜCHTE   KANNE

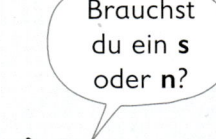

Brauchst du ein **s** oder **n**?

SEGEL   VERLEIH

                    STACHEL   OBST

4 Finde zusammengesetzte
Substantive mit **Meer**, **Haar**
und **Schnee** als Bestimmungswort!

5 Finde zusammengesetzte
Substantive mit **Boot**, **Paar**
und **See** als Grundwort!

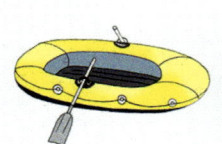

6 Lies die Wörter
**Teeei, Zooorchester, Seeelefant,
Kaffeeernte, Zooordnung!**
Wie entstehen die Buchstabendrillinge?

7 Welche Wörter der Wörterleiste stehen hier in Geheimschrift?

8 Welche Substantive gehören zusammen? Schreibe auf!

Bagger	Fischerei
Welt	Boot
Berg	Jungfrau
Meer	See
Gummi	Meer
Hochsee	Blick

9 **Paar** oder **paar**?
Sprecht über die Bedeutung dieser Wörter!
Verwendet sie richtig!

*ein paar Tage, ein Paar Schuhe, ein … Minuten
ein … Schlittschuhe, ein … Stifte, ein … Handschuhe*

10 Ergänze **aa**, **ee** oder **oo** richtig!

S☐☐, P☐☐r, B☐☐t, W☐☐ge, B☐☐re,
T☐☐, Z☐☐, H☐☐r, Kl☐☐, M☐☐s

11 Was ist doof? Was ist nicht doof?
Sprecht darüber! Begründet eure Meinung!

das Meer   Tee   Erdbeeren

ein Boot   Schnee   der Zoo

Sommerspiele

Apfel schnappen
Ihr braucht pro Mitspieler:
eine große Schale
mit Wasser, einen Apfel,
eine Augenbinde,
eine Stoppuhr

Verbindet euch die Augen.
Immer zwei Kinder versuchen nach einem Startsignal,
mit verbundenen Augen den Apfel aus der Schüssel zu schnappen.

Badestaffel
Ihr braucht: je zwei Dinge,
die mit dem Thema Schwimmen
zu tun haben, z.B. Badehosen,
Badekappen, Schnorchel,
Taucherbrillen, Schwimmflossen,
Schwimmflügel, Schwimmreifen

Bildet zwei Gruppen! Jede Gruppe stellt sich in einer Reihe
hintereinander an einer Startlinie auf. Das jeweils erste Kind
einer Gruppe zieht beim Startsignal alle Dinge an und rennt um
einen Wendepunkt zurück zur Startlinie. Dort zieht es alles aus
und das nächste Kind des Teams ist an der Reihe.

Waldbild
Ihr braucht: Naturmaterialien,
die ihr im Wald gefunden habt

Gestaltet am Waldboden ein schönes Gemälde!
Dafür dürfen nur Materialien verwendet werden,
die ihr im Wald gefunden habt, z.B. Blätter, Moos, Äste,
Gräser, Rinde. Einigt euch vorher gemeinsam auf ein Motiv!

Bist du fit?

1. Station: Substantive

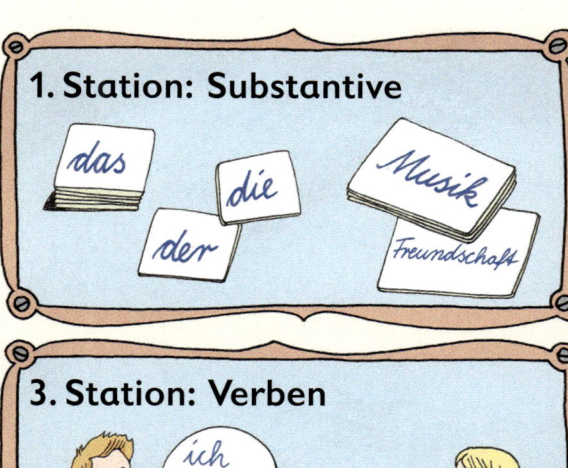

2. Station: Adjektive

3. Station: Verben

4. Station: Zeitformen der Verben

5. Station: Geschichten schreiben

6. Station: Wörtliche Rede

7. Station: Gegenstände beschreiben

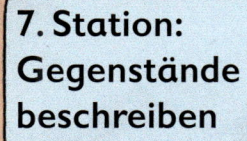

8. Station: Satzglieder

9. Station: Tipps und Tricks

10. Station: Das weiß ich schon

1. Station: Substantive

1 Ergänze immer den bestimmten oder unbestimmten Artikel!
Schreibe so: *ein Wunsch – der Wunsch, eine Sorge – ...*

*ein Wunsch, die Sorge, ein Problem, ein Buch, eine Idee, das Haar,
eine Frage, der Stern, ein Schmerz, das Gespräch*

2 Vier Wörter sind Substantive.
Schreibe sie in der Einzahl
und in der Mehrzahl auf!

ANGST KALT UND
SEHR KLEIN FRAGE
WUNSCH KORB NICHT

3 Wie heißen diese Masken?
die Katzenmaske, ...

Katze Vogel Elefant Löwe

4 Bilde zusammengesetzte
Substantive mit **Buch**!
Markiere Grundwort
und Bestimmungswort
in verschiedenen Farben!
das Lesebuch, ...

lesen   sparen   malen

kochen   **BUCH**   hören

drucken   basteln

> **Substantive (Namenwörter)** werden
> großgeschrieben. Sie haben einen **Artikel (Begleiter)**.
> **Zusammengesetze Substantive** setzen sich aus
> **Bestimmungswort und Grundwort** zusammen.
> Der Artikel richtet sich immer nach dem Grundwort.
> *das Buch,* **das** *Lese***buch***; die Idee,* **die** *Buch***idee**
>
> **MERKE DIR**

2. Station: Adjektive

1 Wählt einen Gegenstand vom Marktstand und preist ihn an!
Nutzt dabei die **Grundstufe**, **Mehrstufe** und **Meiststufe**!

2 Denke dir zu den Bildern Vergleiche aus!
Äpfel sind genauso teuer wie …
Die Bananen sind … als …
Die Kirschen sind am …

teuer

Berlin	22°C
Dresden	22°C
Erfurt	24°C
Magdeburg	20°C
Schwerin	19°C

warm

hoch

3 Bilde die Steigerungsstufen von **alt** und **gut**!
Du kannst auch im Wörterbuch nachschlagen.

Adjektive (Eigenschaftswörter) kann man **steigern**. **MERKE DIR**

Grundstufe	**Mehrstufe**	**Meiststufe**
klein	*klein**er***	*am klein**sten***

Adjektive helfen, etwas zu vergleichen.
*Die Birnen sind **so teuer wie** die Äpfel.*
*Die Birnen sind **teurer als** die Bananen.*

3. Station: Verben

✎ **1** Ergänze die fehlenden Personalformen!

… | du | …, …, es | … | ihr | …

✎ **2** Ordne die Personalform der richtigen Grundform zu!

ich schäle	haben
du darfst	sein
es hat	dürfen
er will	schälen
ihr seid	wollen

✎ **3** Wähle ein Verb! Beuge es in allen Personalformen!
Markiere Wortstamm und Endung in zwei verschiedenen Farben!
Schreibe so:

	Einzahl	Mehrzahl
1. Person	ich kaufe	wir …
2. Person	du …	ihr …
3. Person	er, sie, es …	sie …

kaufen

essen

helfen

✎ **4** Bilde mit den Wortbausteinen sinnvolle Verben!
Schreibe so: *waschen: abwaschen, auswaschen …*

ein   an   weg   be
aus   an   ver   ab

waschen   lesen   wischen

Verben (Tätigkeitswörter) sagen, **MERKE DIR**
was jemand **tut** oder **was geschieht**.
Verben verändern sich im Satz.
Grundform (Nennform): *kaufen*
Personalform (gebeugte Form): *ich kaufe, du kaufst, er kauft*

4. Station: Zeitformen der Verben

1 Ordne die Verben in die Tabelle
und finde die fehlenden Verbformen!

Grundform	Präsens (jetzt)	Präteritum (früher)
...	*wir fangen*	*wir ...*
...	*ich ...*	*ich ...*
...	...	...

wir fangen
ich warf
wir treten
sie spricht
sie gab
wir biegen

2 Setze die Verben **sein**, **gehen**, **fahren**, **haben**, **heißen**, **dürfen**,
schimpfen in das Präteritum! Nutze das Wörterbuch.
sein – er war, ...

3 Setze die Verben aus Aufgabe 2 in den richtigen Zeitformen ein!
Schreibe beide Texte auf!

In meiner Klasse ... 35 Kinder.
Mädchen und Jungen ...
in getrennte Klassen.
Ich ... immer
mit dem Fahrrad zur Schule.
Wir ... einen sehr strengen
Lehrer. Er ... Herr Meier.
Wir ... keine Fehler machen.
Er ... sonst sehr mit uns.

In meiner Klasse ... 24 Kinder.
Mädchen und Jungen ...
zusammen in eine Klasse.
Ich ... immer
mit dem Bus zur Schule.
Wir ... eine sehr nette Lehrerin.
Sie ... Frau Bach. Wir ...
manchmal Fehler machen.
Sie ... auch nicht mit uns.

Verben (Tätigkeitswörter) können in   **MERKE DIR**
verschiedenen Zeitformen stehen.
Präsens (Gegenwart): *Heute **regnet** es.* → jetzt
Präteritum (Vergangenheit): *Gestern **regnete** es.* → früher

5. Station: Geschichten schreiben

1 Seht euch die Bilder an und erzählt euch gegenseitig die Geschichte immer wieder anders.

Rudi wollte unbedingt etwas erleben. Er setzte sich …

  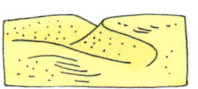

Lange Zeit fuhr er …

Dabei überquerte er …

Während seiner rasanten Fahrt sah Rudi plötzlich …

Er stoppte sofort, ging neugierig hinein und entdeckte …

Gespannt sah der Junge hinein. Darin befand sich …

Rudi sah sich … sehr genau an und entdeckte ….

2 Überlegt, was der Junge entdeckt haben könnte!
Findet ein spannendes Ende für die Geschichte!

 3 Schreibe eine eigene Geschichte auf!

Eine Geschichte überarbeiten   **MERKE DIR**

Überprüfe den **Aufbau:** Stehen **Einleitung,**
Hauptteil und **Schluss** in der richtigen Reihenfolge?
Überprüfe den **Inhalt:** Passt die **Überschrift**? **Fehlt** etwas?
Überprüfe die **Rechtschreibung:**
Markiere **Stolperwörter** und schlage sie im Wörterbuch nach!
Kontrolliere **Satzanfänge** und **Satzschlusszeichen**!
Überprüfe den **Ausdruck:** Wechseln die Satzanfänge ab?
Hast du **treffende** Wörter verwendet?

6. Station: Wörtliche Rede

1 Setze die passenden Sammelwörter in die Lücken!
Schreibe das Gespräch ab!
Achte auf die passenden Satzschlusszeichen!

erzählen
fragen
rufen
antworten
sagen
flüstern
erwidern
erzählen
schreien

Rudi …:   „Herr Doktor, Sie haben mir doch ein Stärkungsmittel verschrieben."

„Ja, was ist damit?"

Der Doktor … verwundert:

Darauf … Rudi verärgert: „Ich bekomme die Flasche nicht auf!"

2 Schreibe einen Witz mit den passenden Begleitsätzen auf!
Schreibe so: *Tim erzählt: „…*

Tim: „Du, ich werde immer von meinem eigenen Schnarchen wach."
Lene: „Leg dich doch einfach in ein anderes Zimmer!"

Maus: „Ich möchte gerne ein Stück Pflaumenkuchen mit Sahne."
„Und Sie?", fragt die Verkäuferin die Katze.
„Ich möchte nur einen Klacks Sahne auf die Maus."

3 Denkt euch selbst einen Witz aus und schreibt ihn auf!

Die **wörtliche Rede** steht in Anführungszeichen.   **MERKE DIR**
Vor der wörtlichen Rede kann ein Begleitsatz stehen.
Lene fragt: „Wie alt bist du?"
_____ : „.........................?"

Begleitsatz   wörtliche Rede

7. Station: Gegenstände beschreiben

1 Finde immer das Gegenteil! Schreibe in eine Tabelle!

kurz, rau, groß, hart, billig, eckig, alt, dick

Wort	Gegenteil
kurz	*. . .*

2 Welche zwei Wörter bilden ein neues Adjektiv?
Schreibe so: *der Schnee + weiß = schneeweiß*

Schnee	Samt	Nagel	Feder	Riesen

leicht	groß	weich	neu	weiß

3 Welche Giraffe wünscht sich Lene zum Geburtstag?

Name: Plüschgiraffe
Material: glatter Stoff, fest
Farbe: gelb mit braunen Flecken
Form: schmal
Größe: so groß wie ein Schnellhefter
besondere
Merkmale: stehend, kurze, braune Hörner,
rote Schleife am Hals, blaue Augen

4 Beschreibe eine andere Giraffe aus dem Regal in einem Steckbrief.
Verwende treffende Adjektive!

8. Station: Satzglieder

1 Würfle einen Satz und schreibe ihn auf!
Achte darauf, dass das Verb in der richtigen Personalform steht!
Denke an Satzanfang und Satzende!

⚀ Lene	⚀ bauen	⚀ eine Schatztruhe	⚀ auf dem Berg
⚁ Mutter	⚁ finden	⚁ ein Baumhaus	⚁ in einer Höhle
⚂ wir	⚂ suchen	⚂ eine Schlange	⚂ im Kühlschrank
⚃ die Kinder	⚃ malen	⚃ eine Eistorte	⚃ im tiefen Wald
⚄ der Pirat	⚄ verstecken	⚄ ein Schiff	⚄ unter der Dusche
⚅ Frau Heinrich	⚅ kaufen	⚅ einen Ballon	⚅ auf dem Mars

2 Erfrage das Subjekt und unterstreiche es!
Erfrage das Prädikat und umkreise es!

3 Aus wie vielen Satzgliedern besteht dieser Satz?
Stelle den Satz so oft wie möglich um! Welche Wörter bleiben
immer zusammen?

| Mutige | Piraten | segeln | auch | durch | raues | Gewässer | . |

Ein Satz besteht aus mehreren Satzgliedern,
die beim Umstellen immer zusammenbleiben.

MERKE DIR

Wir (bauen) ein Baumhaus im tiefen Wald.

Nach Satzgliedern kann man fragen:
Nach dem **Subjekt** fragt man **Wer oder was?**.
Nach dem **Prädikat** fragt man **Was tut …?** oder **Was tun …?**.

9. Station: Tipps und Tricks

Wenn du in einem geschriebenen Text Stolperstellen gefunden hast,
denke darüber nach, wie das Wort richtig geschrieben wird!
Nutze die Tipps!

> Schreibe ich **Kor** ■
> mit **b** oder **p**?

Verlängere das Wort!
der Korb – die Körbe → **b**
sie trinkt – trinken → **k**
laut – lauter → **t**

> Schreibe ich **tr** ■ **men**
> mit **äu** oder **eu**?

Finde ein **verwandtes Wort**
mit **au** oder **a**.
träumen – der Traum → **äu**
der Bäcker – backen → **ä**

> Schreibe ich **ke** ■ **en**
> mit **nn** oder **n**?

Doppelte Mitlaute stehen
nur nach kurzem Selbstlaut.
Höre, wie der Selbstlaut klingt!
kurz (.) lang (_)
kennen, kamen, lassen, leben

> Schreibe ich **Fu** ■
> mit **ss** oder **ß**?

ß steht nur **nach** einem langen
Selbstlaut oder einem **Zwielaut**.
Höre, wie der Selbstlaut klingt!
kurz (.) lang (_)
der Fluss, der Fuß, küssen, fleißig

1 Lest den Text und überprüft die markierten Wörter.
Erklärt euch die richtige Schreibweise! Die Tipps helfen.

> *Ferienpläne*
> *Lene fehrt in den Ferien auf einen Reiterhof.*
> *Dort will sie reiten lernen, muß aber auch helfen.*
> *Heute Nachd dreumt sie vom Hof.*
> *Ob sie den schweren Satel alleine dragen kan?*

2 Schreibe den Text richtig auf!

3 Welche Wörter fallen dir besonders schwer?
Schreibe sie in eine Lernwortkartei.

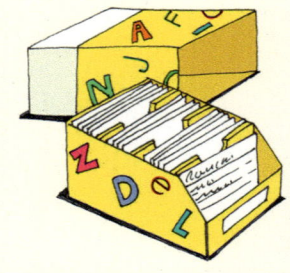

Wiederholung Rechtschreibstrategien:
verwandte Wörter finden, verlängern, Vokallänge hören

10. Station: Das weiß ich schon

1 Stellt euch abwechselnd fünf solcher Fragen!
Für jede richtige Antwort gibt es einen Punkt,
für eine falsche Antwort einen Strich.
Zur Kontrolle könnt ihr auf den angegebenen Seiten nachlesen!

> Was weißt du über das Präteritum?

> Da müsste ich jetzt auf Seite 26 nachlesen können.

> Hast du an den Stationen gut gearbeitet? Dann bist du fit!

> Herzlichen Glückwunsch!

Diese Begriffe hast du schon gelernt.
Hier sind sie nach dem Alphabet geordnet.

Adjektiv	S.18, 74, 75	**P**ersonalpronomen	S.27
Artikel	S.8, 9	**P**rädikat	S.54, 55
Aufforderungssatz/ Ausruf	S.17, 19	**P**räsens	S.26
Bestimmungswort	S.9	**P**räteritum	S.26, 38
Einzahl	S.20	**S**atzglied	S.44
Fragesatz	S.17	**S**atzkern	S.85
Grundstufe	S.75	**S**ubjekt	S.84
Grundwort	S.9	**S**ubstantiv	S.8, 27, 57
Mehrstufe	S.75	**V**erb	S.16, 26, 38
Mehrzahl	S.20	**W**örtliche Rede	S.68
Meiststufe	S.75	**W**ortstamm	S.17, 38, 57

Wörterverzeichnis

A a

der **Aal**, die Aale
ab: ab heute
der **Abend**, die Abende
aber
acht
ähnlich: eine ähnliche Federmappe
alle, alles
als
alt, älter, am ältesten: ein alter Baum,
älter als ich
am (an dem): am Tisch
die **Ampel**, die Ampeln
an: an der Leine
ändern, sie ändert
anfassen, er fasst an
die **Angst**, die Ängste
ängstlich: eine ängstliche Maus
anklicken, sie klickt an
antworten, sie antwortet
der **Apfel**, die Äpfel
der **April**
die **Arbeit**, die Arbeiten
arbeiten, sie arbeitet
der **Arbeiter**, die Arbeiter
(sich) **ärgern**, er ärgert (sich)
der **Arm**, die Arme
der **Ast**, die Äste
auch
auf: auf dem Berg
die **Aufgabe**, die Aufgaben
aufräumen, er räumt auf
das **Auge**, die Augen
der **August**
aus: aus Berlin kommen
ausdrucken, sie druckt aus
außen: nach außen hin
das **Auto**, die Autos

B b

das **Baby**, die Babys
backen, ich backe, er backt/bäckt, er
backte/buk
der **Bäcker**, die Bäcker
das **Bad**, die Bäder
baden, sie badet
die **Bahn**, die Bahnen

bald
der **Ball**, die Bälle
die **Bank**, die Bänke
er **bat** ↗ bitten
der **Bauch**, die Bäuche
bauen, er baut
der **Bauer**, die Bauern
der **Baum**, die Bäume
die **Beere**, die Beeren
der **Begleiter**, die Begleiter
(auch für die Wortart Artikel)
bei
das **Bein**, die Beine
belohnen, er belohnt
beobachten, er beobachtet
bereits
das **Bett**, die Betten
bewegen, sie bewegt
bezahlen, er bezahlt
biegen: sie biegt, sie bog
die **Biene**, die Bienen
das **Bild**, die Bilder
ich **bin** ↗ sein: Ich bin da.
die **Birne**, die Birnen
bis
du **bist** ↗ sein
die **Bitte**, die Bitten
bitten, er bittet, er bat
das **Blatt**, die Blätter
blau: das blaue Kleid
bleiben, sie bleibt, sie blieb
sie **blieb** ↗ bleiben
blind: das blinde Huhn
der **Blitz**, die Blitze
blitzen, es blitzt
bloß (nur)
blühen, es blühte
die **Blume**, die Blumen
die **Blüte**, die Blüten
der **Boden**, die Böden
sie **bog** ↗ biegen
das **Boot**, die Boote
böse: ein böser Traum
sie **brachte** ↗ bringen
brauchen, er braucht
braun: braunes Fell
breit: der breite Bus
der **Brief**, die Briefe
die **Brille**, die Brillen
bringen, sie bringt, sie brachte
das **Brot**, die Brote
das **Brötchen**, die Brötchen

die **Brücke**, die Brücken
der **Bruder**, die Brüder
das **Buch**, die Bücher
der **Buchstabe**, die Buchstaben
 er **buk** ↗ backen
 bunt: die bunten Blätter
der **Bus**, die Busse
der **Busch**, die Büsche
 die **Butter**

C c

der **Cent**, die Cents
der **Chor**, die Chöre
der **Christbaum**, die Christbäume
der **Computer**, die Computer

D d

 da: da sein
das **Dach**, die Dächer
 er **dachte** ↗ denken
 danken, er dankt
 dann
 das
 dass: hoffen, dass keiner krank wird
die **Decke**, die Decken
 decken, sie deckt
 dem: auf dem Sofa liegen
 den: in den Keller gehen
 denken, er denkt
 denn: Was ist denn los?
 der
 des: des Jungen Träume
 deutlich: eine deutliche Aussprache
 deutsch: die deutsche Sprache
der **Dezember**
 dich: Ich lade dich ein.
 dick: ein dickes Buch
 die
der **Dieb**, die Diebe
der **Dienstag**, die Dienstage
 dies, diese, dieser, dieses: dies und das
 dir: Wie geht es dir?
 doch
der **Donner**, die Donner
der **Donnerstag**, die Donnerstage
das **Dorf**, die Dörfer
 dort
der **Draht**, die Drähte
 drehen, er dreht
 drei

 drucken, er druckt
 drücken, sie drückt
 du
 dumm, dümmer, am dümmsten: ein dummer Streich
 dunkel, dunkler, am dunkelsten: im dunklen Keller
 dünn: ein dünner Stoff
 durch
 dürfen, er darf, wir dürfen, er durfte
 er **durfte** ↗ dürfen

E e

 die **Ecke**, die Ecken
 ehrlich: eine ehrliche Finderin
das **Ei**, die Eier
das **Eigenschaftswort** (Adjektiv), die Eigenschaftswörter
 ein, eine, einem, einen, einer, eines
 eins
 einzeln: ein einzelnes Haus, in einzelnen Klassen
das **Eis**
 elf
 die **Eltern**
 empfindlich: eine empfindliche Stelle
das **Ende**, die Enden
 eng: der enge Schuh
 die **Ente**, die Enten
 er: Er freut sich.
 die **Erde**
 erklären, sie erklärt
 erlauben, er erlaubt
 erleben, sie erlebt
 ernähren, er ernährt
 er **erschrak** ↗ erschrecken
 erschrecken, ich erschrecke, er erschrickt, er erschrak
 er **erschrickt** ↗ erschrecken
 erste: der erste Tag
 erwarten, er erwartet
 erzählen, sie erzählt
 es: Heute regnet es.
 essen, ich esse, er isst, er aß: Iss etwas!
 etwas: etwas Schönes
 euch
 euer: euer Haus
 die **Eule**, die Eulen
der **Euro**, die Euros

F f

die **Fahne**, die Fahnen
fahren, ich fahre, sie fährt, sie fuhr
sie **fährt** ↗ fahren
fallen, ich falle, er fällt, er fiel
er **fällt** ↗ fallen
die **Familie**, die Familien
er **fand** ↗ finden
fangen, ich fange, sie fängt, sie fing
sie **fängt** ↗ fangen
fassen, er fasst
fast (beinahe)
der **Februar**
fehlen, sie fehlt
der **Fehler**, die Fehler
die **Feier**, die Feiern
feiern, er feiert
fein: feiner Sand
das **Feld**, die Felder
das **Fenster**, die Fenster
die **Ferien**
der **Fernseher**, die Fernseher
fertig: eine fertige Arbeit
fest: ein fester Schuh
feucht: ein feuchter Strumpf
die **Fichte**, die Fichten
er **fiel** ↗ fallen
finden, er findet, er fand
sie **fing** ↗ fangen
der **Finger**, die Finger
der **Fisch**, die Fische
fischen, sie fischt
die **Flasche**, die Flaschen
das **Fleisch**
der **Fleiß**
fleißig: fleißige Bienen
die **Fliege**, die Fliegen
fliegen, er fliegt, er flog
er **flog** ↗ fliegen
der **Flug**, die Flüge
der **Flügel**, die Flügel
das **Flugzeug**, die Flugzeuge
der **Fluss**, die Flüsse
flüssig: flüssig schreiben
die **Frage**, die Fragen
fragen, sie fragt
sie **fraß** ↗ fressen
die **Frau**, die Frauen
der **Freitag**, die Freitage
fremd: eine fremde Frau; der/die Fremde
fressen, ich fresse, sie frisst, sie fraß
sich **freuen**, er freut sich
die **Freude**, die Freuden
der **Freund**, die Freunde
die **Freundin**, die Freundinnen
der **Frieden**: friedlich
frieren, er friert, er fror
frisch: frisches Obst
sie **frisst** ↗ fressen
er **fror** ↗ frieren
die **Frucht**, die Früchte
früh: morgen früh
der **Frühling**
sie **fuhr** ↗ fahren
führen, sie führt
füllen, sie füllt
fünf
für
der **Fuß**, die Füße

G g

er **gab** ↗ geben
ganz: die ganze Welt
der **Garten**, die Gärten
das **Gebäude**, die Gebäude
geben, ich gebe, er gibt, er gab: Gib mit bitte das Brot!
die **Gefahr**, die Gefahren
gefährlich: ein gefährliches Abenteuer
gegen
gehen, sie geht, sie ging
gelb: die gelbe Blume
das **Geld**, die Gelder
das **Gemüse**
genug: genug haben
gern, lieber, am liebsten: Ich gehe gern ins Schwimmbad.
es **geschah** ↗ geschehen
geschehen, es geschieht, es geschah
es **geschieht** ↗ geschehen
das **Gesicht**, die Gesichter
das **Gespräch**, die Gespräche
gestern: gestern Morgen
gesund, gesünder, am gesündesten: gesundes Essen
das **Gewächs**, die Gewächse
das **Gewitter**, die Gewitter
das **Gewürz**, die Gewürze
er **gibt** ↗ geben
gießen, er gießt, er goss
sie **ging** ↗ gehen
das **Glas**, die Gläser

glatt: das glatte Eis
glühen, es glüht
er goss ↗ gießen
das Gras, die Gräser
groß, größer, am größten:
ein großes Eis
grün: das grüne Gras
die Gruppe, die Gruppen
der Gruß, die Grüße
die Gurke, die Gurken
gut, besser, am besten: ein gutes Buch

H h

das Haar, die Haare
haben, ich habe, du hast, er hat, ihr
habt, er hatte
sie half ↗ helfen
der Hals, die Hälse
sie hält ↗ halten
halten, ich halte, sie hält, sie hielt
die Hand, die Hände
hängen, sie hängt, sie hängte:
1. Sie hängte das Bild auf. / es hängt,
es hing, es hat gehangen:
2. Das Bild hing an der Wand.
hart, härter, am härtesten: hartes Brot
der Hase, die Hasen
du hast ↗ haben
sie hat ↗ haben
sie hatte ↗ haben
häufig: ein häufiger Fehler
das Haus, die Häuser
die Haut, die Häute
heben, sie hebt, sie hob
die Hecke, die Hecken
das Heft, die Hefte
heiß: heißer Tee
heißen, er heißt, er hieß
helfen, ich helfe, sie hilft, sie half: Hilf
mir!
hell: das helle Licht
das Hemd, die Hemden
heraus
der Herbst
herein
der Herr, die Herren
das Herz, die Herzen
heute: heute Abend
die Hexe, die Hexen
sie hielt ↗ halten
hier: hier und dort

er hieß ↗ heißen
die Hilfe, die Hilfen
sie hilft ↗ helfen
der Himmel
hinaus
hinein
es hing ↗ hängen
sie hob ↗ heben
hoch, höher, am höchsten: ein hohes
Haus
der Hof, die Höfe
hoffentlich
die Höhe, die Höhen
hohl: ein hohler Baum
die Höhle, die Höhlen
holen, er holt
das Holz, die Hölzer
hören, sie hört
der Hort, die Horte
die Hose, die Hosen
der Hund, die Hunde
hundert
der Hunger
hüpfen, es hüpft

I i

ich
die Idee, die Ideen
der Igel, die Igel
ihm: Er hört ihm zu.
ihn: Sie mag ihn sehr.
ihnen: Ich glaube ihnen (den Kindern).
ihr, ihre, ihrer
im (in dem): im Haus
immer
impfen, sie impft
die Impfung, die Impfungen
in: Sie wohnen in Berlin.
er isst ↗ essen
es ist ↗ sein: Es ist kalt.

J j

ja
die Jacke, die Jacken
das Jahr, die Jahre
die Jahreszeit, die Jahreszeiten
der Januar
jetzt
der Juli

jung, jünger, am jüngsten:
das junge Baby
der Junge, die Jungen
der Juni

K k

der Käfer, die Käfer
der Käfig, die Käfige
der Kalender, die Kalender
kalt, kälter, am kältesten:
ein kalter Wind
die Kälte
sie kam ↗ kommen
sie kann ↗ können
sie kannte ↗ kennen
der Kasten, die Kästen
das Kätzchen, die Kätzchen
die Katze, die Katzen
kaufen, er kauft
der Käufer, die Käufer
kein, keine, keiner
kennen, sie kennt, sie kannte
das Kind, die Kinder
das Kino, die Kinos
die Klasse, die Klassen
der Klee
das Kleid, die Kleider
klein: ein kleines Kind
klettern, sie klettert
klug, klüger, am klügsten:
ein kluges Mädchen
kochen, er kocht
der Koffer, die Koffer
kommen, sie kommt, sie kam
können, sie kann, wir können,
sie konnte
sie konnte ↗ können
der Kopf, die Köpfe
der Korb, die Körbe
der Körper, die Körper
krank, kränker, am kränksten:
ein krankes Tier
kratzen, es kratzt
kriechen, es kriecht, es kroch
es kroch ↗ kriechen
die Küche, die Küchen
der Kuchen, die Kuchen
kühl: ein kühler Tag
kurz, kürzer, am kürzesten:
ein kurzer Zug
küssen, er küsst

L l

lachen, er lacht
er lag ↗ liegen
die Lampe, die Lampen
das Land, die Länder
lang, länger, am längsten:
ein langer Tag
langsam: ein langsames Auto
er las ↗ lesen
lassen, ich lasse, sie lässt, sie ließ
sie lässt ↗ lassen
laufen, ich laufe, er läuft, er lief
der Läufer, die Läufer
er läuft ↗ laufen
laut: ein lauter Knall
der Laut, die Laute
leben, sie lebt
lecken, er leckt
leer: ein leerer Bus
legen, er legt
der Lehrer, die Lehrer
die Lehrerin, die Lehrerinnen
leicht: leichte Arbeit
leise: leise sein
lernen, sie lernt
lesen, ich lese, er liest, er las:
Lies das Buch!
der Leser, die Leser
die Leserin, die Leserinnen
letzter, letzte, letztes: ein letztes Mal
leuchten, es leuchtet
die Leute
das Licht, die Lichter
lieb: ein liebes Kind
die Liebe
lieben, sie liebt
liebenswürdig:
eine liebenswürdige Frau
das Lied, die Lieder
er lief ↗ laufen
liefern, sie liefert
liegen, er liegt, er lag
sie ließ ↗ lassen
er liest ↗ lesen
links
der Löffel, die Löffel

M m

machen, sie macht
das Mädchen, die Mädchen
er mag ↗ mögen

der **Magnet**, die Magnete(n)
der **Mai**
    malen, er malt
die **Mama**, die Mamas
    man: man sagt, man nehme …
der **Mann**, die Männer
das **Märchen**, die Märchen
der **Markt**, die Märkte
der **März**
das **Maß**, die Maße
  er **maß** ↗ messen
die **Maschine**, die Maschinen
die **Maus**, die Mäuse
das **Meer**, die Meere
    mehr
    mehrere
    mein, meine, meiner
    meist
    merken, sie merkt
    messen, er misst, er maß
das **Messer**, die Messer
    mich: Sie kennt mich.
die **Milch**
    mir: Du hilfst mir.
  er **misst** ↗ messen
    mit
der **Mittag**, die Mittage
die **Mitte**, die Mitten
der **Mittwoch**, die Mittwoche
  er **mochte** ↗ mögen
  er **möchte** ↗ mögen
    mögen, er mag, er mochte, er möchte
der **Monat**, die Monate
der **Montag**, die Montage
das **Moos**, die Moose
    morgen: morgen Abend
  sie **muss** ↗ müssen
    müssen, sie muss, sie musste
  sie **musste** ↗ müssen
die **Mutter**, die Mütter
die **Mutti**, die Muttis
die **Mütze**, die Mützen

N n

    nach: nach der Schule
die **Nacht**, die Nächte
die **Nähe**
    nähen, er nähte
  er **nahm** ↗ nehmen
die **Naht**, die Nähte
der **Name**, die Namen

das **Namenwort** (Substantiv),
    die Namenwörter
die **Nase**, die Nasen
der **Nebel**, die Nebel
    nehmen, ich nehme, er nimmt,
    er nahm: Nimm ein Stück Obst!
    nein
das **Nest**, die Nester
    neu: eine neue Puppe
    neun
    nicht: Ich weiß es nicht.
    niedlich: ein niedliches Kätzchen
    niemals
    niemand
    niesen, sie niest
  er **nimmt** ↗ nehmen
    noch: noch einmal
der **November**
die **Nummer**, die Nummern
    nun
    nur

O o

    oben: nach oben gehen
das **Obst**
    oder: Obst oder Gemüse
    offen: eine offene Tür
    öffnen, sie öffnet
    ohne: ohne Worte
das **Ohr**, die Ohren
der **Oktober**
die **Oma**, die Omas
der **Onkel**, die Onkel
der **Opa**, die Opas
das **Ostern**

P p

das **Paar**, die Paare
    paar: ein paar Minuten
    packen, sie packt
das **Paket**, die Pakete
der **Papa**, die Papas
die **Pappe**, die Pappen
das **Papier**, die Papiere
    pfeifen, sie pfeift, sie pfiff
  sie **pfiff** ↗ pfeifen
die **Pflanze**, die Pflanzen
    pflanzen, sie pflanzt
    pflegen, er pflegt
    pflücken, sie pflückt

die **Pfütze**, die Pfützen
der **Pilz**, die Pilze
der **Plan**, die Pläne
    planen, sie plant
der **Platz**, die Plätze
die **Post**
das **Problem**, die Probleme
    prüfen, sie prüft
die **Puppe**, die Puppen
    putzen, er putzt

Qu qu

    quaken, er quakt
der **Quark**
    quieken, es quiekt

R r

das **Rad**, die Räder
das **Radio**, die Radios
  sie **rannte** ↗ rennen
  er **rät** ↗ raten
    raten, ich rate, er rät, er riet
das **Rätsel**, die Rätsel
der **Raum**, die Räume
die **Raupe**, die Raupen
    rechnen, sie rechnet
    rechts
    reden, sie redet
der **Regen**
das **Reh**, die Rehe
    reich: ein reiches Land
    reif: der reife Apfel
die **Reise**, die Reisen
    reisen, sie reist
    reißen, sie reißt, sie riss
    rennen, sie rennt, sie rannte
    richtig: eine richtige Antwort
    riechen, es riecht, es roch
  sie **rief** ↗ rufen
der **Riese**, die Riesen
  er **riet** ↗ raten
der **Ring**, die Ringe
  sie **riss** ↗ reißen
  es **roch** ↗ riechen
der **Rock**, die Röcke
    rollen, er rollt
der **Roller**, die Roller
    rot: ein roter Ball
der **Rücken**, die Rücken
    rufen, sie ruft, sie rief

die **Ruhe**
    ruhen, er ruht
    rühren, sie rührt

S s

der **Saal**, die Säle
die **Sache**, die Sachen
der **Saft**, die Säfte
    sagen, er sagt
  er **sah** ↗ sehen
das **Salz**, die Salze
der **Samstag**, die Samstage
der **Sand**
    sandig: sandige Hände
  er **sang** ↗ singen
  er **saß** ↗ sitzen
der **Satz**, die Sätze
    sauber: eine saubere Hose
    schaffen, sie schafft
der **Schal**, die Schals
    schälen, er schält
der **Schall**
    scharf, schärfer, am schärfsten:
    ein scharfes Messer
    schauen, sie schaut
    scheinen, sie scheint, sie schien
    schenken, er schenkt
die **Schere**, die Scheren
    schicken, sie schickt
    schieben: er schiebt, er schob
    schief: ein schiefer Turm
  sie **schien** ↗ scheinen
das **Schiff**, die Schiffe
    schimpfen, er schimpft
    schlafen, ich schlafe, er schläft,
    er schlief
  er **schläft** ↗ schlafen
    schlagen, ich schlage, sie schlägt,
    sie schlug
  sie **schlägt** ↗ schlagen
  er **schlief** ↗ schlafen
    schließen, sie schließt, sie schloss
der **Schlitten**, die Schlitten
    schlittern, sie schlittert
  sie **schloss** ↗ schließen
  sie **schlug** ↗ schlagen
der **Schlüssel**, die Schlüssel
    schmecken, es schmeckt
der **Schmerz**, die Schmerzen
    schmücken, sie schmückt
der **Schmutz**

schmutzig: eine schmutzige Hose
der Schnee
schneiden, er schneidet, er schnitt
schneien, es schneit
schnell: ein schneller Zug
er schnitt ↗ schneiden
er schob ↗ schieben
schon
schön: ein schönes Kleid
der Schreck, die Schrecke
schreiben, er schreibt, er schrieb
schreien, sie schreit, sie schrie
sie schrie ↗ schreien
er schrieb ↗ schreiben
die Schrift, die Schriften
der Schuh, die Schuhe
die Schule, die Schulen
der Schüler, die Schüler
die Schülerin, die Schülerinnen
die Schüssel, die Schüsseln
schütteln, er schüttelt
der Schutz
schützen, sie schützt
sie schwamm ↗ schwimmen
der Schwanz, die Schwänze
schwarz, schwärzer, am schwärzesten:
schwarzer Tee
schweigen, sie schweigt, sie schwieg
schwer: der schwere Koffer
die Schwester, die Schwestern
sie schwieg ↗ schweigen
schwierig: eine schwierige Übung
schwimmen, sie schwimmt,
sie schwamm
schwitzen, er schwitzt
sechs
der See, die Seen
sehen, ich sehe, er sieht, er sah
sehr, sehr viel
ihr seid ↗ sein
die Seife, die Seifen
das Seil, die Seile
sein, ich bin, du bist, er ist, wir sind,
ihr seid, sie sind, er war, es wäre
sein, seine, seiner
die Sekunde, die Sekunden
selbst
der September
(sich) setzen, sie setzt sich
sich: Er ruht sich aus.
sie
sieben

siegen, sie siegt
er sieht ↗ sehen
sie sind ↗ sein
singen, er singt, er sang
sitzen, er sitzt, er saß
so
der Sohn, die Söhne
sollen, sie soll
der Sommer
der Sonnabend, die Sonnabende
die Sonne, die Sonnen
der Sonntag, die Sonntage
die Sorge, die Sorgen
sparen, er spart
der Spaß, die Späße
spät: am späten Abend
spazieren, sie spaziert
der Spaziergang, die Spaziergänge
sperren, sie sperrt
der Spiegel, die Spiegel
das Spiel, die Spiele
spielen, er spielt
spitz: ein spitzer Stein
die Spitze, die Spitzen
der Sport
er sprach ↗ sprechen
sie sprang ↗ springen
sprechen, ich spreche, er spricht,
er sprach
er spricht ↗ sprechen
springen, sie springt, sie sprang
spritzen, es spritzt
die Stadt, die Städte
der Stamm, die Stämme
sie stand ↗ stehen
die Stange, die Stangen
stark, stärker, am stärksten:
ein starker Mensch
stecken, er steckt
stehen, sie steht, sie stand
steigen, er steigt, er stieg
der Stein, die Steine
stellen, sie stellt
der Stern, die Sterne
der Stiefel, die Stiefel
der Stiel, die Stiele
er stieg ↗ steigen
der Stift, die Stifte
still: ein stiller Ort
stimmen, es stimmt
der Stock, die Stöcke
der Strand, die Strände

die **Straße**, die Straßen
der **Strauch**, die Sträucher
der **Strauß**, die Sträuße
　strömen, es strömt
das **Stück**, die Stücke
　stumpf: ein stumpfes Messer
die **Stunde**, die Stunden
der **Sturm**, die Stürme
das **Substantiv** (Namenwort),
　die Substantive
　suchen, sie sucht
die **Suppe**, die Suppen
　süß: der süße Kuchen
die **Süßigkeit**, die Süßigkeiten

T t

die **Tafel**, die Tafeln
der **Tag**, die Tage
die **Tanne**, die Tannen
die **Tante**, die Tanten
　tanzen, er tanzte
　tapfer: ein tapferes Mädchen
die **Tasche**, die Taschen
die **Tasse**, die Tassen
　er **tat** ↗ tun
das **Tätigkeitswort** (Verb),
　die Tätigkeitswörter
die **Technik**, die Techniken
der **Tee**, die Tees
das **Telefon**, die Telefone
der **Teller**, die Teller
　teuer, teurer, am teuersten:
　ein teures Buch
der **Text**, die Texte
　tief: die tiefe Schlucht
das **Tier**, die Tiere
der **Tisch**, die Tische
die **Tochter**, die Töchter
der **Topf**, die Töpfe
　er **traf** ↗ treffen
　tragen, ich trage, er trägt, er trug
　er **trägt** ↗ tragen
　sie **trank** ↗ trinken
　sie **trat** ↗ treten
der **Traum**, die Träume
　träumen: er träumt
　treffen: ich treffe, er trifft, er traf
　treten: ich trete, sie tritt, sie trat
　er **trifft** ↗ treffen
　trinken, sie trinkt, sie trank
　sie **tritt** ↗ treten

　tropfen: es tropft
　er **trug** ↗ tragen
das **Tuch**, die Tücher
　tun, er tut, er tat
die **Tür**, die Türen
　turnen, sie turnt
die **Tüte**, die Tüten

U u

　üben, er übt
　über
die **Übung**, die Übungen
der **Urlaub**, die Urlaube
die **Uhr**, die Uhren
　um
　und
　uns
　unser, unsere, unseres
　unten: unten im Schrank
　unter: unter dem Tisch
der **Unterricht**

V v

die **Vase**, die Vasen
der **Vater**, die Väter
　verbieten, er verbietet, er verbot
　er **verbot** ↗ verbieten
　verbringen, sie verbringt, sie
　verbrachte
　er **vergaß** ↗ vergessen
　vergessen, ich vergesse, er vergisst,
　er vergaß
　er **vergisst** ↗ vergessen
der **Verkehr**
　verletzen, er verletzt
　verlieren, er verlor
　er **verlor** ↗ verlieren
　verspeisen, er verspeiste
　versprechen, sie verspricht
　sie **verspricht** ↗ versprechen
　versuchen, sie versucht
　viel, mehr, am meisten: viele Monate
　vielleicht
　vier
der **Vogel**, die Vögel
　voll: ein voller Teller
　vom
　von
　vor
(sich) **vorstellen**: sie stellt (sich) vor

W w

die **Waa**ge, die Waa|gen
der **Wa**gen, die Wa|gen
der **Wald**, die Wäl|der
    wäh|len, sie wählt
    wann
ich **war** ↗ sein
ich **wä**|re ↗ sein
sie **warf** ↗ werfen
    warm, wär|mer, am wärms|ten:
    das warme Wasser
die **Wär**|me
    war|ten, sie war|tet
    was: Was magst du?
    wa|schen, er wäscht, er wusch
er **wäscht** ↗ wa|schen
das **Was**|ser
    we|cken, sie weckt
der **Weg**, die We|ge
    we|hen, er weht
    weich: das weiche Fell
das **Weih**|nach|ten
der **Weih**|nachts|baum,
    die Weih|nachts|bäu|me
    weiß: der weiße Schnee
sie **weiß** ↗ wis|sen
    weit: ein weiter Weg
    welch, wel|cher, wel|che, wel|ches
    wem: Wem gehört das?
    wen: Wen magst du?
    wenn
    wer: Wer hilft mir?
    wer|den, sie wird
    wer|fen, ich wer|fe, sie wirft, sie warf
das **Werk**, die Wer|ke
das **Wet**|ter
    wie: wie lange
    wie|der: wieder einmal
(sich) **wie**|gen, er wiegt sich
    wie|gen, sie wiegt, sie wog
die **Wie**|se, die Wie|sen
    wild: ein wildes Tier
sie **will** ↗ wol|len
der **Wind**, die Win|de
der **Win**|ter
    wir
sie **wird** ↗ wer|den
sie **wirft** ↗ wer|fen
    wi|schen, er wischt
    wis|sen, sie weiß, sie wuss|te
    wo

die **Wo**|che, die Wo|chen
sie **wog** ↗ wiegen
    woh|nen, er wohnt
die **Wol**|ke, die Wol|ken
    wol|len, sie will, sie wollte
sie **wol**|lte ↗ wol|len
das **Wort**, die Wör|ter, die Worte
der **Wunsch**, die Wün|sche
    wün|schen, er wünscht
die **Wur**|zel, die Wur|zeln
er **wusch** ↗ wa|schen
sie **wuss**|te ↗ wis|sen

X x

das **Xy**|lo|phon, die Xy|lo|pho|ne

Y y

das **Yp**|si|lon, die Yp|si|lons (Buchstabe: Y)

Z z

die **Zahl**, die Zah|len
    zäh|len, er zählt
der **Zahn**, die Zäh|ne
die **Ze**|he, die Ze|hen
    zehn
    zeich|nen, er zeich|net
    zei|gen, sie zeigt
die **Zeit**, die Zei|ten
die **Zei**|tung, die Zei|tun|gen
    zie|hen, er zieht, er zog
das **Ziel**, die Zie|le
    ziem|lich
das **Zim**|mer, die Zim|mer
er **zog** ↗ zie|hen
der **Zoo**, die Zoos
    zu: zu Ende
der **Zu**|cker
der **Zug**, die Zü|ge
    zu|letzt
    zum: zum Bahnhof fahren
    zur: zur Schule gehen
    zu|rück
    zwei
die **Zwie**|bel, die Zwie|beln
    zwölf

Kapitel	Sprechen und Zuhören	Schreiben / Texte verfassen
In der Schule Seite 5–14 	aus einem Bild Informationen entnehmen und mit eigenen Erfahrungen verknüpfen: Ferienerlebnisse (5); Fragen und Wünsche formulieren (6); eigenes Verhalten reflektieren (7)	Fragen und Wünsche aufschreiben (6); gemeinsame **Gesprächsregeln** entwickeln und verschriftlichen (7)
Im Herbst Seite 15–24 	Bild und Gedicht als Erzählanlass nutzen; eigene Gefühle in Worte fassen; ein Gedicht betont lesen oder vortragen (15); Verben lautmalend sinnentsprechend lesen (16); Stimmführung entsprechend einer Satzart erproben (17)	treffende Verben finden (16); treffende Adjektive finden; Herbstwörter sammeln (Cluster) und eine Geschichte schreiben (18); ein Herbst-**Elfchen** schreiben (24)
Miteinander leben Seite 25–34 	ein Bild als Erzählanlass nutzen; eigene Gefühle reflektieren und Meinungen begründen (25)	Merkmale einer **Personenbeschreibung** kennen und anwenden, Personenbeschreibungen überprüfen (28); **Gliederung einer Geschichte** wiederholen (29); **Strategien:** eine **Schreibidee** für eine Geschichte **finden** (30); **Aufbau und Inhalt einer Geschichte** überprüfen, Schreibabsichten erkennen (31)
Märchenzeit Seite 35–42 	an das Vorwissen der Kinder anknüpfen: Märchen benennen; die eigene Meinung formulieren und begründen (35); einen Dialog lesen (36); ein Märchen anhand einer Bildfolge erzählen; Handlungen beschreiben; den Schluss eines Märchens erzählen (37); eine Theateraufführung planen; Spielszenen entwickeln und üben (39)	eine **Vorbereitungsliste** für eine Theateraufführung schreiben (39); ein **Märchen** mithilfe vorgegebener Märchenmerkmale schreiben (42)
Im Winter Seite 43–52 	ein Bild als Erzählanlass nutzen; an das Vorwissen der Kinder anknüpfen (43); eigene Gedanken zu einem Thema entwickeln (44)	eine **Bastelanleitung** schreiben, dabei Satzanfänge beachten (45); über ein eigenes **Erlebnis** schreiben (46)
Das tut mir gut Seite 53–64 	ein Bild als Gesprächsanlass nutzen; eigene Gefühle reflektieren und in Worte fassen (53); Gefühle anderer benennen (58); sich gemeinsam Sprachspiele ausdenken und spielen (64)	ein **Akrostichon** schreiben (53); eine **Handlungsanweisung** ordnen und schreiben (54); ein **Parallelgedicht** schreiben (58); eine Geschichte zu einer **Bildfolge** schreiben; fehlende Teile einer Geschichte rekonstruieren (59); **Strategie Schreibkonferenz** kennen lernen (60); **Strategien** für die **Überprüfung und Überarbeitung von Texten** kennen lernen (Aufbau, Rechtschreibung, Inhalt, Ausdruck) (61)
Früher und heute Seite 65–72 	ein Bild als Erzählanlass nutzen: situationsorientiert und sachbezogen sprechen (65); einen Sachtext erschließen, unbekannte Wörter klären (66); Redewendungen erklären (71)	Merkmale einer **Gegenstandsbeschreibung** kennen lernen und für eine eigene Beschreibung nutzen (67); Fragen für ein **Interview** aufschreiben (68); Sütterlin kennen lernen und schreiben (69); ein **Werbeplakat** gestalten (72)

Sprache und Sprachgebrauch untersuchen	Richtig schreiben/Rechtschreiben	Projekte/ fächerübergreifende Ideen
Wiederholung Kennzeichen von **Substantiven**: Großschreibung, **Artikel**; **Abstrakta** kennen lernen (8); **Komposita** bilden, Funktion von Bestimmungswort, **Grundwort** (9)	Wiederholung **Alphabet**, den Nutzen alphabetischer Ordnung kennen lernen (10); Wörter im Wörterbuch finden (Pluralformen von Substantiven, Personalformen von Verben, Steigerungsformen von Adjektiven), Wörter mit Umlauten (11); **Wörter mit b, d oder g in der Wortmitte oder am Wortende, Rechtschreibstrategie: Verlängerung** (Plural bei Substantiven, Grundform bei Verben, Adjektive attributiv gebrauchen) (12/13); Komposita bilden; Übungstext (13)	Spiele zum Abc sammeln, Spiele zur Erweiterung des Wortschatzes
Wiederholung Kennzeichen von **Verben**: **Grundform, Personalform**; Wortstamm und Endung (17); Wiederholung Kennzeichen von **Adjektiven**, prädikativer und attributiver Gebrauch (18); Komposita bilden, Bestimmungs- und Grundwort finden; Satzarten erkennen; Verbformen im Imperativ anbahnen (19)	**Rechtschreibstrategien: Substantive, Verben, Adjektive** auf verschiedene Weise üben (verwandte Wörter finden, schwierige Stellen markieren, Wörter im Sinnzusammenhang üben) (20/21); **Wörter mit St/ st oder Sp/sp**: Plural bilden, den Wortstamm von Wörtern erkennen; Personalformen bilden; im Wörterbuch nachschlagen (22); **Wörter mit ch**: hören und im Sinnzusammenhang schreiben; **Dosendiktat** wiederholen (Übungstext) (23)	das Klassenzimmer herbstlich gestalten; Herbstrezepte sammeln und ausprobieren; ein Rezeptbuch anlegen; Herbstgedichte und eigene Herbst-Elfchen auswendig lernen und im Rahmen eines Herbstfestes vortragen
Zeitformen von Verben kennen lernen: **Präsens und Präteritum**; Signalwörter für Zeiten finden (26); **Personalpronomen** als Ersatz für Substantive anwenden (27)	**Wörter mit Pf/pf**: Singular/Plural bilden, Präteritum bilden, Adjektiv attributiv verwenden (32); **Wörter mit Sch/sch**: Personalformen ersetzen, Wörter im Sinnzusammenhang passend einsetzen, **Klappdiktat** wiederholen (Übungstext) (33)	Zeichnungen nach Personenbeschreibungen anfertigen; eine Geschichtenwerkstatt anbieten mit Drei-Wörter- und Hosentaschen-Geschichten
Verben mit verändertem Stammvokal im Präsens/Präteritum kennen lernen; Personalformen von Verben nachschlagen (38)	**Wörter mit ng oder nk**: Wörter identifizieren, Wortarten bestimmen, Wörter trennen, Suffix -ung als Kennzeichen von Substantiven kennen lernen, Wörter im Sinnzusammenhang verwenden, Komposita bilden, **Partner- oder Laufdiktat** wiederholen (Übungstext) (40/41)	ein Märchenprojekt durchführen: Märchen(szenen) aufführen, selbst geschriebene Märchen vorlesen, ein Klassenmärchenbuch zusammenstellen, Märchenrätsel mithilfe passender Märchengegenstände erstellen
Satzglieder durch **Umstellprobe** kennen lernen; Begriff: Satzglied (44); Wiederholung Verben mit verändertem Stammvokal im Präsens/Präteritum (46); Verben mit Präfix im Präsens und Präteritum als **zweiteilige Verbformen** im Satz verwenden (47)	Methodentraining: Rechtschreibung üben mit dem **Fragediktat** (48); **Rechtschreibstrategien** bei der **Überprüfung von Texten** anwenden (Satzanfänge, verwandte Wörter finden, verlängern, Substantivprobe, Satzschlusszeichen) (49); **Wörter mit doppelten Konsonanten**: Vokallänge vor Konsonanten hören und sprechen; Wörter mit doppelten Konsonanten ordnen; Geheimschrift entschlüsseln; Text in das Präteritum übertragen; Wörter mit doppelten Konsonanten trennen, im Präsens und Präteritum; Komposita bilden; Wiederholung **Frage- oder Laufdiktat** (Übungstext) (50/51)	Weihnachtsgeschenke basteln (z.B. eine Schmuckdose); Weihnachtslieder singen; ein Faschingsfest vorbereiten: Masken und Dekoration basteln, Spielideen sammeln
das **Prädikat** kennen lernen (54); das Prädikat durch **Frageprobe** ermitteln (55); bestimmte und unbestimmte **Numeralia** kennen lernen (56); Substantive aus Verben ableiten, **Wortfamilien** bilden (57)	**Wörter mit ck**: Vokallänge hören und sprechen; Wörter mit ck identifizieren, Trennung von Wörtern mit ck im Präsens und Präteritum, Komposita bilden (62) **Wörter mit tz**: Vokallänge hören und sprechen; Reimwörter bilden, Komposita bilden; Trennung von Wörtern mit tz im Präsens und Präteritum; **Lauf- oder Partnerdiktat** wiederholen (Übungstext) (63)	eine Gesundheitswoche planen: Möhrensalat und andere gesunde Gerichte gemeinsam zubereiten; ein Bewegungsprogramm für jeden Tag erstellen
Wiederholung von Präsens und Präteritum im Sinnzusammenhang; Komposita, Wortstamm und Endung (66); wörtliche Rede mit vorangestelltem Begleitsatz kennen lernen; Zeichensetzung der wörtlichen Rede; **Wortfeld sagen** (68); Zeichensetzung der wörtlichen Rede üben (69)	**Wörter mit ß**: von Adjektiven das Gegenteil finden; Personalformen bilden; Wortfamilien ordnen, Wortstamm und Endung identifizieren; Wörter im Sinnzusammenhang schreiben; **Würfeldiktat** (Übungstext) (70); **Wörter mit t in der Wortmitte oder am Wortende**: Rätsel lösen, mit dem Wörterverzeichnis arbeiten; Wortumrisse erkennen; Zeichensetzung der wörtlichen Rede wiederholen (71)	Interviews in Gruppen durchführen: in Ton und Bild aufnehmen, gemeinsam ansehen; Poesiealbumsprüche sammeln; Fragen für ein Freundschaftsbuch sammeln, ein Klassenfreundschaftsbuch erstellen; eine Ausstellung „früher – heute" planen, Ausstellungsstücke sammeln, dazu Werbeplakate für zukünftige Schultaschen nutzen

Regelmäßig wiederkehrende Anforderungen wie die Arbeit mit dem Wörterverzeichnis und dem Wörterbuch, das Lesen und Verstehen von Arbeitsanweisungen sowie die Arbeit mit den Sammelwörtern in den Wörterleisten sind in der tabellarischen Übersicht nicht mit aufgenommen worden.

Sprache und Sprachgebrauch untersuchen	Richtig schreiben / Rechtschreiben	Projekte/ fächerübergreifende Ideen
Adjektive: Vergleiche mit „so … wie", „… als" (74); **Steigerungsstufen** von Adjektiven kennen lernen (75); Prädikate im Satz einsetzen (76); Prädikate im Satz identifizieren (77)	**Wörter mit lk, nk, rk oder lz, nz, rz:** Wörter in Sinnzusammenhängen verwenden; Adjektive steigern; Komposita bilden; Wortumrisse erkennen und schreiben; Wortfamilien bilden (78); **Wörter mit h am Ende des Wortstamms:** Personalform von Verben bilden; Substantive in Singular und Plural schreiben; Reimpaare finden; Komposita bilden; **Frage-, Klapp- oder Laufdiktat** wiederholen (Übungstext) (79)	sich über Zug- und Standvögel informieren; Osterbräuche der Heimat und anderer Länder erkunden und vorstellen; Osterdekoration basteln; ein Osterfest mit verschiedenen Spielen „Rund ums Ei" vorbereiten; Frühlingslieder singen
das **Subjekt** kennen lernen und durch **Frageprobe** ermitteln (84); Subjekt und Prädikat als **Satzkern** kennen lernen; Abhängigkeit von Subjekt und Prädikat im Satz (85)	**Wörter mit ä oder äu:** Rechtschreibstrategie der Wortverwandtschaft wiederholen, Begriffe Umlaut, Zwielaut; Singular/Plural von Substantiven bilden; Wortfamilien bilden; Adjektive attributiv verwenden; Steigerungsstufen der Adjektive wiederholen, Vergleiche finden; **Würfeldiktat** wiederholen (Übungstext) (88/89)	ein Naturquiz erstellen und spielen; Naturmaterialien sammeln und benennen; Naturbilder malen oder fotografieren, Landart-Kunst kennen lernen (z.B. Andy Goldsworthy) und selbst gestalten; Entspannungsübungen sammeln und durchführen
zweiteiliges Prädikat kennen lernen: Verben mit Präfix und Modalverben im Satz verwenden (93); Wiederholung: mit Adjektiven vergleichen (94)	**Wörter mit hl, hm, hn, hr:** Wörter im Sinnzusammenhang verwenden; Wörter ordnen; verwandte Wörter finden; Wortstamm mit verändertem Stammvokal erkennen; Komposita finden; Wortumrisse erkennen; Wortbedeutung zur richtigen Schreibung nutzen; **Partner-, Lauf- oder Klappdiktat** wiederholen (Übungstext) (98/99)	Expertentage durchführen (Kinder stellen Themen vor, die sie besonders interessieren); ein Projekt „Medienkompetenz" durchführen (Umgang mit dem Computer: bedienen, anwenden, informieren, produzieren, präsentieren)
Zeichensetzung bei Aufzählung anbahnen; Wiederholung: Zeichensetzung der wörtlichen Rede, **Wortfelder** sagen und sehen (103); Wiederholung: Subjekt, Prädikat, Satzkern, Frageprobe (105)	**Wörter mit ie:** Rätsel lösen; Reimwörter finden; Verben mit Präfixen sinnentnehmend verwenden; aus Wortbausteinen sinnvolle Wörter bilden; mit dem Wörterverzeichnis arbeiten; verwandte Wörter strategisch für die Rechtschreibung nutzen; Vokallänge von i-Lauten unterscheiden; **Partnerdiktat** wiederholen (Übungstext) (106/107)	Tierwitze sammeln und szenisch spielen; Spiele herstellen
Verben mit Präfixen sinnentsprechend bilden; Wiederholung Komposita; sich das Wortfeld Buch erschließen (111)	**Wörter mit ss oder ß:** Vokallänge hören und sprechen; Regelhaftigkeit erkennen; Wörter im Sinnzusammenhang schreiben; Personalformen starker Verben bilden, Wechsel des Stammvokals erkennen; **Würfeldiktat** wiederholen (Übungstext) (116/117)	ein Buchprojekt durchführen: ein Buch herstellen; eine Ausstellung organisieren, verschiedene Präsentationsformen anwenden
abgeleitete Adjektive mit den Suffixen -ig, -lich und -isch kennen lernen (120); Adjektive mit -ig, -lich und -isch aus Substantiven ableiten; verwandte Substantive zu Adjektiven finden; Adjektive in Sinnzusammenhängen verwenden (121)	**Wörter mit aa, ee, oo:** Reime finden; Komposita erkennen und bilden, Wiederholung Bestimmungs- und Grundwort; Wortbedeutung zur richtigen Schreibung nutzen; Wortumrisse erkennen; Wörter im Sinnzusammenhang verwenden (124/125)	Spiele für draußen sammeln und eine Sommerolympiade veranstalten
Wiederholung **Substantive**: Abstrakta und Komposita (128); Wiederholung **Adjektive**: Vergleiche und Steigerungsstufen (129); Wiederholung **Verben**: Grundform und Personalform (130); Wiederholung Verben: **Zeitformen** Präsens und Präteritum (131); Wiederholung **wörtliche Rede** (133); Wiederholung **Satzglieder**: Umstellprobe, Subjekt, Prädikat (135); Wiederholung: erlernte Begriffe und **Fachwörter** (137)	Wiederholung **Rechtschreibstrategien**: verwandte Wörter finden, verlängern, Vokallänge hören (136)	

Sprach*freunde* 3

Ausgabe Süd

Erarbeitet von
Katharina Förster, Solveig Haugwitz, Kathrin Knutas, Karin Kühne, Peter Sonnenburg

Unter Einbeziehung der Ausgabe von
Heike Bonas, Dorothea Czarnetzki, Antje Delonge, Regina Fliegel, Peter Sonnenburg

Unter Beratung von
Carmen Blätter (Schöneiche), Dagmar Diewald (Rositz), Melanie Föhrigen (Dessau),
Jenny Glase (Berlin), Heike Redel (Berlin), Kerstin Wehlend (Biederitz)

Redaktion Mirjam Löwen, Jutta Wild

Illustrationen Barbara Schumann, Katja Wehner, Uta Bettzieche (Hund + Detektiv, Kapitelvignetten),
Liliane Oser (Aufgabenvignetten)

Umschlaggestaltung tritopp, Berlin, Barbara Schumann (Illustration)

Layout und technische Umsetzung tritopp, Berlin

www.cornelsen.de

Soweit in diesem Lehrwerk Personen fotografisch abgebildet sind und ihnen von der
Redaktion fiktive Namen, Berufe, Dialoge und Ähnliches zugeordnet oder diese Personen
in bestimmte Kontexte gesetzt werden, dienen diese Zuordnungen und Darstellungen
ausschließlich der Veranschaulichung und dem besseren Verständnis des Inhalts.

Die Webseiten Dritter, deren Internetadressen in diesem Lehrwerk angegeben sind,
wurden vor Drucklegung sorgfältig geprüft. Der Verlag übernimmt keine Gewähr für
die Aktualität und den Inhalt dieser Seiten oder solcher, die mit ihnen verlinkt sind.

1. Auflage, 6. Druck 2023

Alle Drucke dieser Auflage sind inhaltlich unverändert
und können im Unterricht nebeneinander verwendet werden.

Druck: Mohn Media Mohndruck, Gütersloh

ISBN 978-3-06-083655-0 (Schülerbuch)
ISBN 978-3-06-084033-5 (E-Book)

PEFC zertifiziert
Dieses Produkt stammt aus nachhaltig
bewirtschafteten Wäldern und kontrollierten
Quellen.

PEFC
PEFC/04-31-1033   www.pefc.de